曹薰铉、李昌镐精讲围棋系列

精讲围棋手筋 ❹

棋研究室 —— 编著

化学工业出版社
·北京·

图书在版编目（CIP）数据

精讲围棋手筋.4/李昌镐围棋研究室编著.—北京：化学工业出版社，2020.6

（曹薰铉、李昌镐精讲围棋系列）

ISBN 978-7-122-36474-6

Ⅰ.①精⋯　Ⅱ.①李⋯　Ⅲ.①围棋-对局（棋类运动）　Ⅳ.①G891.3

中国版本图书馆CIP数据核字（2020）第046952号

责任编辑：史　懿　　　　　　　　装帧设计：刘丽华
责任校对：宋　玮

出版发行：化学工业出版社（北京市东城区青年湖南街13号　邮政编码100011）
印　　装：大厂聚鑫印刷有限责任公司
710mm×1000mm　1/16　印张12　字数180千字　2020年9月北京第1版第1次印刷

购书咨询：010-64518888　　　　　　　售后服务：010-64518899
网　　址：http://www.cip.com.cn
凡购买本书，如有缺损质量问题，本社销售中心负责调换。

定　价：49.80元　　　　　　　　　　　　　　　版权所有　违者必究

手筋——围棋之花

很多围棋爱好者常有这样的感叹，自己的布局下得还不错，但中盘不知什么原因，下得一塌糊涂，对此感到十分茫然。《精讲围棋手筋》正可以解决广大爱好者的这一苦恼。

"手筋"是指在围棋的局部战斗中，可以最大限度地发挥棋子效率的技术，因而有"围棋之花"的美誉。如果不能正确掌握围棋手筋这一技术，根本无法与对方进行复杂的战斗。

布局暂告一段落后，双方即进入了中盘的战斗。进入中盘后，很多围棋爱好者都比较喜欢局部的拼杀，而韩国棋手在中盘阶段则有更强的作战欲望。不夸张地说，对围棋手筋的掌握和利用，是取得中盘战斗胜利的秘诀。

《精讲围棋手筋》共六卷，其中前两卷针对初级水平的读者，后四卷适合中高级水平的读者。每卷收集了120余个问题，并配以详尽的解说。各位读者通过循序渐进的学习，不知不觉中可以发现自己的棋力已有了明显的进步。

李昌镐
2020 年 5 月

围棋是中国的国粹，它能启发智力，开拓思维，是一项非常有益的修身养性的娱乐活动。成人通过学习围棋，可以培养自己良好的心境和大局观；儿童通过学习围棋，可以培养耐心，提高专注力，锻炼独立思考能力，挖掘思维潜能。学习围棋对课业学习也有十分明显的帮助。

　　那么如何学习围棋？如何学好围棋？什么样的围棋书才能更有针对性地提升棋艺水平？

　　韩国棋手曹薰铉、李昌镐不仅是韩国围棋的代表人物，在国际棋界也有举足轻重的地位。我们经与曹薰铉、李昌镐本人直接接洽，使得本系列书得以顺利出版。

　　本系列书包括定式、布局、棋形、中盘、对局、官子、死活、手筋共8个主题，集曹薰铉、李昌镐成长经验和众多棋手的智慧于一体，使用了韩国职业棋手的大量一手资料，其难度贯穿了围棋入门、提高、实战和入段等各个阶段，内容覆盖了实战围棋各个方面，是非常系统且透彻的围棋自学读物。

　　《精讲围棋手筋》详细讲解了手筋在吃子、对杀、攻击、防守、死活、官子等围棋各个阶段中的应用，例题丰富，循序渐进，以引导和启发为出发点，着重培养围棋爱好者的学习兴趣和思维方式，重视第一手感觉的培养，强调实战应用。

　　本书由陈启承担资料翻译、整理工作，由石心平、范孙操负责稿件审校，并得到曹薰铉、李昌镐围棋研究室众多成员的大力协助，在此对他们的辛勤劳动表示诚挚的感谢。

　　衷心希望广大围棋爱好者能通过学习本书迅速提高棋力，并由此享受围棋带来的快乐。

编著者
2020年3月

目录

上篇　问题 1～问题 60

问题 1 1
问题 2 1
问题 3 4
问题 4 4
问题 5 7
问题 6 7
问题 7 10
问题 8 10
问题 9 13
问题 10 13
问题 11 16
问题 12 16
问题 13 19
问题 14 19
问题 15 22
问题 16 22
问题 17 25
问题 18 25
问题 19 28
问题 20 28
问题 21 31
问题 22 31
问题 23 34
问题 24 34
问题 25 37
问题 26 37
问题 27 40

问题 28 40
问题 29 43
问题 30 43
问题 31 46
问题 32 46
问题 33 49
问题 34 49
问题 35 52
问题 36 52
问题 37 55
问题 38 55
问题 39 58
问题 40 58
问题 41 61
问题 42 61
问题 43 64
问题 44 64
问题 45 67
问题 46 67
问题 47 70
问题 48 70
问题 49 73
问题 50 73
问题 51 76
问题 52 76
问题 53 79
问题 54 79
问题 55 82
问题 56 82

问题 57 85
问题 58 85
问题 59 88
问题 60 88

下篇　问题 61~ 问题 123

问题 61 91
问题 62 91
问题 63 94
问题 64 94
问题 65 97
问题 66 97
问题 67 100
问题 68 100
问题 69 103
问题 70 103
问题 71 106
问题 72 106
问题 73 109
问题 74 109
问题 75 112
问题 76 112
问题 77 115
问题 78 115
问题 79 118
问题 80 118
问题 81 121
问题 82 121
问题 83 124
问题 84 124
问题 85 127
问题 86 127
问题 87 130
问题 88 130

问题 89 133
问题 90 133
问题 91 136
问题 92 136
问题 93 139
问题 94 139
问题 95 142
问题 96 142
问题 97 145
问题 98 145
问题 99 148
问题 100 148
问题 101 151
问题 102 151
问题 103 154
问题 104 154
问题 105 157
问题 106 157
问题 107 160
问题 108 160
问题 109 163
问题 110 163
问题 111 166
问题 112 166
问题 113 169
问题 114 169
问题 115 172
问题 116 172
问题 117 175
问题 118 175
问题 119 178
问题 120 178
问题 121 181
问题 122 181
问题 123 184

上篇

问题1～问题60

问题1 ▶▶

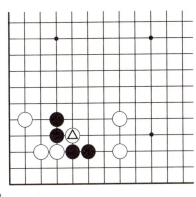

问题图

黑先。黑棋要吃白△一子应如何下？本题是有关枷吃的基本型。

问题2 ▶▶

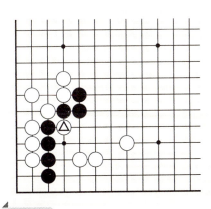

问题图

黑先。由于有白△子的存在，黑棋非常难受。要让黑四子活出，只有吃住白棋这一子。那么请问黑棋怎样解决问题？

问题1解说

图1 正解

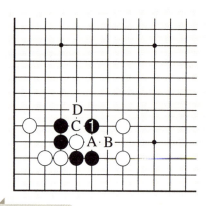

图1 正解

黑1是最基本的枷。由于有了这手棋，白一子动弹不得。以后白A时，黑B应；白C时，黑D应即可。

图2 失败1

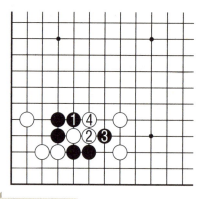

图2 失败1

黑1打吃是错误的，白2、4冲以后，黑棋被分断。

图3 失败2

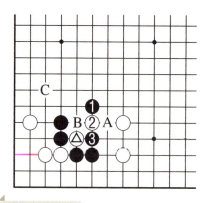

图3 失败2

黑1虽也是一种枷，但味道不好。白2、黑3时，白△一子虽然被吃，但以后白A、黑B时，△位是假眼，而且当C位有白子时，白B的连接可以成立。

问题2解说

图1 正解

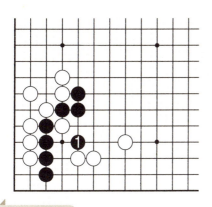

图1 正解

黑1枷是解决问题的手筋,由于黑棋的这一手,白一子无论如何都难逃被吃的命运。

图2 失败1

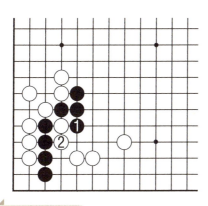

图2 失败1

黑1打吃,白2逃出,黑四子已无法联络。

图3 失败2

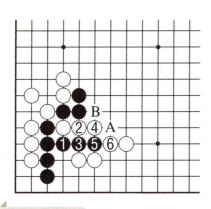

图3 失败2

黑1打吃,也避免不了失败的命运。白2时,黑3、5冲,至白6顶,黑A打吃时,白B可逃。

问题3

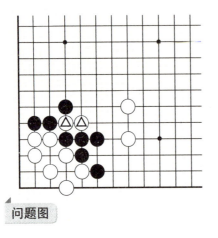

问题图

黑先。白△二子对黑棋来说如眼中钉,不能吃住白二子,黑棋将很不好下。那么请问黑棋解决问题的手筋是什么?

问题4

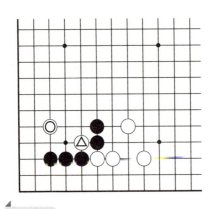

问题图

黑先。黑棋如果能吃住白△一子,中腹的黑二子将充满活力。黑棋应充分考虑到白◎子的支援作用。那么请问黑棋解决问题的手筋是什么?

问题3 解说

图1 正解

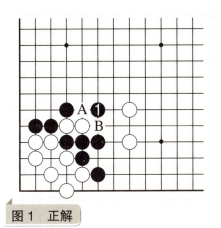

图1 正解

黑1枷即可解决问题。其后白A或白B都逃不出。

图2 失败1

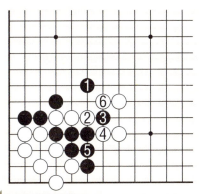

黑1想在大范围内封锁白棋,却封锁不住。白2以下至白6,白棋可以成功突围,下边黑棋反而陷入困境。

图3 失败2

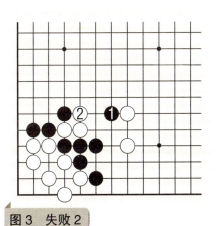

图3 失败2

黑1封锁是坏棋,白2拐后,黑棋已无能为力。

问题4解说

图1 正解

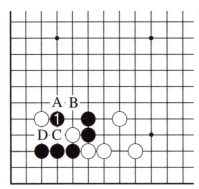

图1 正解

黑1枷即可解决问题。其后白A如果扳，黑B是要领，白C打吃时，黑D可以倒扑。

图2 失败1

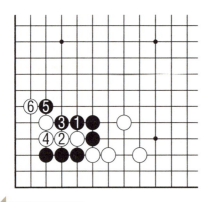

图2 失败1

黑1、3的下法不行，下至白6扳，黑棋未能达到预期的目的。

图3 失败2

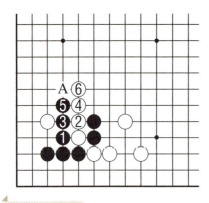

图3 失败2

黑1打吃目光短浅，以下进行至白6，中腹的黑二子受到了伤害。其中黑1时，白棋也可下在3位，黑棋下2位时，白A跳足以对抗。

问题 5

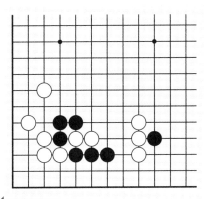

问题图

黑先。本题的棋形虽与前面不同，但问题的实质却相同。那么请问黑棋吃住中间白二子的手筋是什么？

问题 6

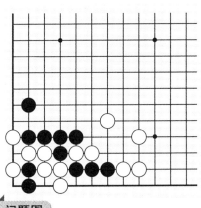

问题图

黑先。角上白棋本身已不活，但下边的黑三子同样并不完全。那么请问黑棋如何下才能成功逃出黑三子并吃住白棋？

问题5解说

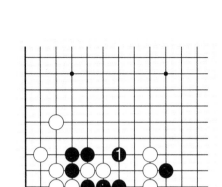

图1 正解

图1 正解

黑1枷,以后不论白棋如何变化都无法摆脱黑棋的包围。

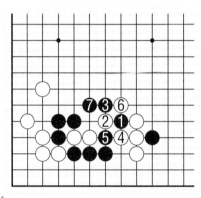

图2 参考

图2 参考

黑1虽也能吃住白二子,却是次选方法。以后白6提去黑棋一子,黑棋不满。

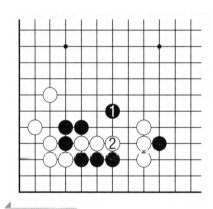

图3 失败

图3 失败

黑1飞无谋,白2长后,黑棋失败。

问题6解说

图1 正解

黑1枷正确,除此以外,任何其他下法都不能解决问题。

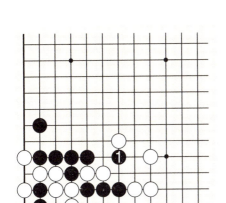

图1 正解

图2 失败1

黑1打吃,白2联络,黑棋失败。

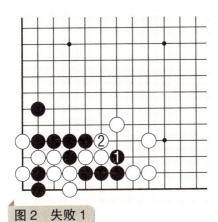

图2 失败1

图3 失败2

黑1打吃过于不负责任,以下至白4,黑棋明显失败。

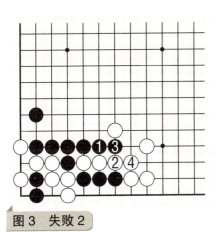

图3 失败2

问题 7

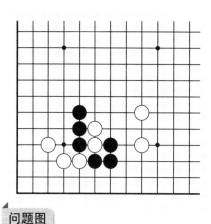

问题图

黑先。黑棋如要单纯活出右侧三子非常简单,但要与左侧三子形成联络,就需稍想一下。那么请问黑棋解决问题的手筋是什么?

问题 8

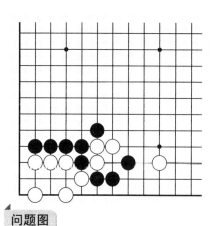

问题图

黑先。下边的黑三子已处于危机之中,只有吃掉中间的白三子,才能干净利落地处理自身。那么请问黑棋解决问题的手筋是什么?

问题7解说

图1 正解

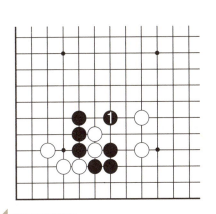

黑1枷，封住白棋二子，由此连为一体。

图1 正解

图2 参考

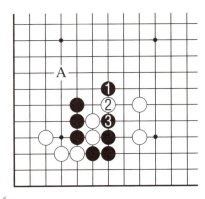

黑1在更大范围内封锁白棋，但以后有白2的利用，虽然黑3打吃，仍可吃住白二子，但如以后A位有白子时，即可出逃，故此黑不满。

图2 参考

图3 失败

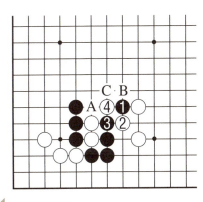

黑1封，被白2、4应，黑棋同样不满。以后黑A时，白B提；如黑B长，白C可同样长。

图3 失败

问题8 解说

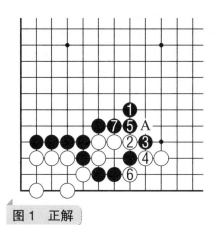

图1 正解

图1 正解

黑1枷极其精彩，也是解决问题的手筋。白2冲挣扎，以下进行至黑7，黑棋可以倒扑吃住白棋。其中白4如果下在A位扳，黑5断即可。

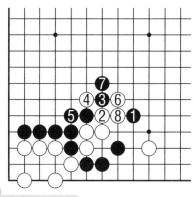

图2 失败1

图2 失败1

黑1封，黑棋的包围网过虚，白2以下至白8，白棋可以成功冲破包围。

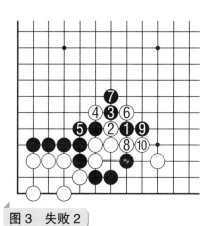

图3 失败2

图3 失败2

黑1封无谋，白2以下进行至白10，白棋成功突围。

问题 9

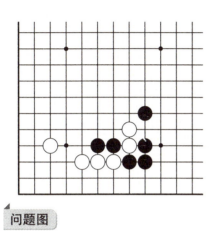

问题图

黑先。位于中腹的白二子如果发挥作用,其影响很大,故黑棋必除之。那么请问黑棋应如何下?

问题 10

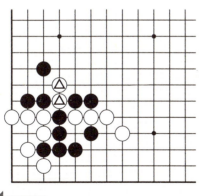

问题图

黑先。白△二子将三块黑棋分割开来,而黑棋将分散的棋联络起来的方法,只有吃住白二子。那么请问黑棋的手段是什么?

问题 9 解说

图 1　正解

黑 1 枷可以吃住白二子。

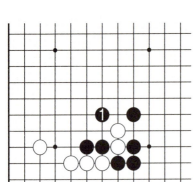

图 1　正解

图 2　失败 1

黑 1 封看似可行，但白 2 非常严厉，其后黑 3 必然，白 4 有挖的手段。以后黑 A 时，白 B 可以逃跑；或者黑 B 时，白 A 即可倒扑。

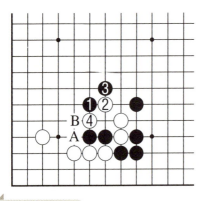

图 2　失败 1

图 3　失败 2

黑 1 封同样失败，白 2 是好棋，黑棋难受。其后黑 A 时，白 B 可以挖，又还原成图 2 的进行。

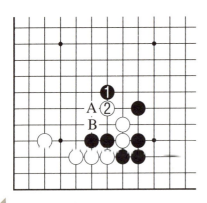

图 3　失败 2

问题 10 解说

图 1　正解

如果认真学习过前面的问题，就不难发现黑1枷的手筋。由于有了这手棋，白棋已无法抵抗。

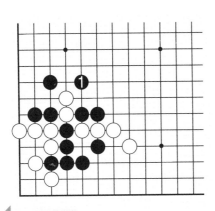

图 1　正解

图 2　失败 1

黑1封时，白2冲是先手，至白4封，黑二子反而被吃。其中黑3如果下在A位挡，白B可以冲。

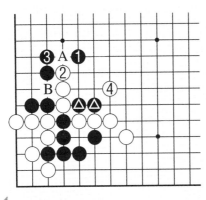

图 2　失败 1

图 3　失败 2

黑1追击，看似厉害，但白2先手利用后，白4逃跑，中腹黑子反而受攻。

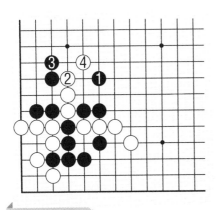

图 3　失败 2

问题 11 ▶

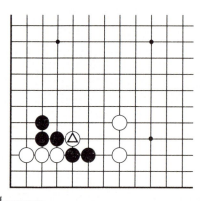

问题图

黑先。本题中的黑棋不能仅仅满足于逃出下边二子,而必须完全控制住切断黑棋的白△一子。那么请问黑棋应如何下?

问题 12 ▶

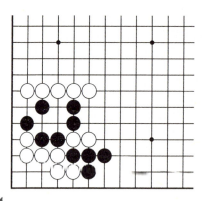

问题图

黑先。左边黑棋如果不及时处理,让白棋再补一手棋,将非常危险。那么请问黑棋应如何下?

问题11解说

图1 正解

黑1枷是精彩的手筋,以后白2、4进行挣扎时,黑3、5应,黑棋成功。

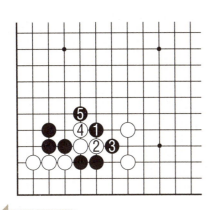

图1 正解

图2 变化

黑1时,白2如果冲,以下至黑5,结果与正解相同。

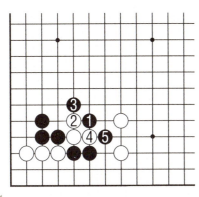

图2 变化

图3 失败

黑1打吃,黑3、5连续长是俗手,不仅不能安定下边黑子,而且还将左边的黑棋带入困境。

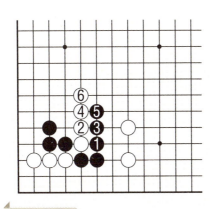

图3 失败

问题 12 解说

图 1 正解

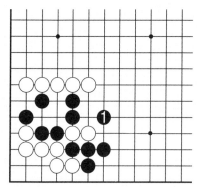

图 1 正解

黑 1 是解决问题的手筋。有了这手棋,不仅可以处理左边的黑棋,而且也安定了下边的黑棋。

图 2 参考

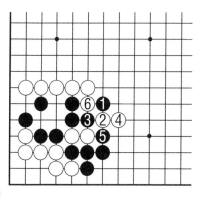

图 2 参考

黑 1 虽可封住白棋,但有白 2 的利用余地,以下进行至白 6,黑 1 一子落入白手,其结果不如正解。

图 3 失败

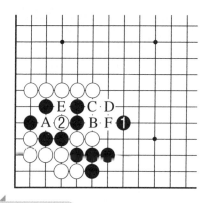

图 3 失败

黑 1 封是最下策,白 2 应正确,其后黑 A 试图挽救黑二子,白 B 以下按顺序进行至白 F,黑棋左边整体被杀。其中白 2 时,黑 E 如果连,白 A 可提黑二子。

问题 13 ▶

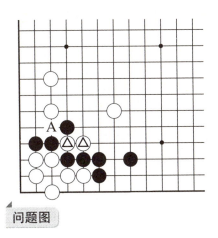

问题图

黑先。黑棋如能吃住白△二子，将可救活左边的黑棋。黑棋如果过于受 A 位断点的影响，将可能铸成大错。那么请问黑棋应如何下？

问题 14 ▶

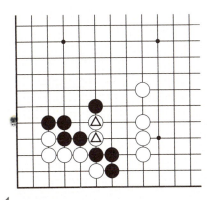

问题图

黑先。下边的黑三子已处于危机之中，要解决危机，只有吃住白△二子。那么请问黑棋如何下才能解决问题？其中第一手棋是关键。

问题 13 解说

图 1 正解

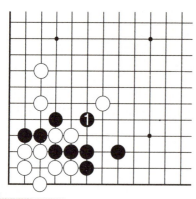

图1 正解

黑1是解决问题的手筋，黑棋因此而变得轻松。

图 2 失败 1

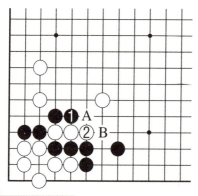

图2 失败1

黑1打吃是恶手，白2冲后，黑无后续手段。以后黑A时，白B应，黑B时，白A应，黑棋失败。

图 3 失败 2

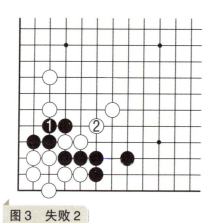

图3 失败2

黑1连接，补自己的断点，被白2补棋后，黑棋不知该如何下。

问题14 解说

图1 正解

黑1是黑棋解决问题的关键，白2时，黑3挡即可。

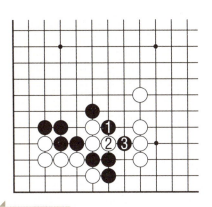

图1 正解

图2 失败1

黑1长是帮对方下棋，白2拐后，黑棋已没棋可下。

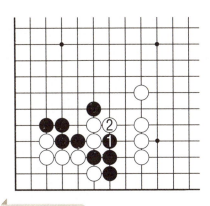

图2 失败1

图3 失败2

黑1有过于追求技巧之嫌，白2或白A扳后，黑棋将再也吃不住白二子。

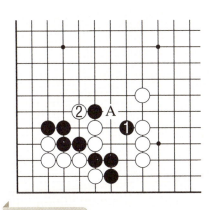

图3 失败2

问题 15 ▸

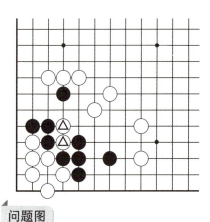

问题图

黑先。黑棋要在白棋的包围之中活棋，唯一的出路是吃住白⚆二子，然后再在下边确保一眼。那么请问黑棋解决问题的手筋是什么？

问题 16 ▸

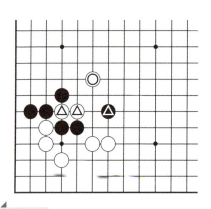

问题图

黑先。本题同样是如何吃白⚆二子的问题。黑▲一子可以成为吃白⚆二子的支援力量。那么请问黑棋切断白⚆与白◎的联络并吃住白⚆二子的手筋是什么？

问题 15 解说

图 1 正解

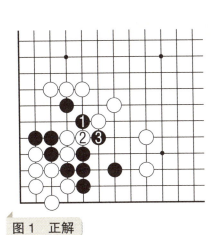

图 1 正解

黑 1 枷限制住白二子的行动。白 2 时，黑 3 挡，白棋已无行动余地。

图 2 变化

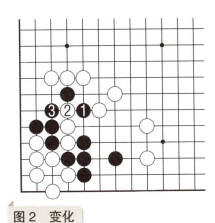

图 2 变化

黑 1 时，白 2 如果顶，黑 3 挡，结果与正解大同小异。

图 3 失败

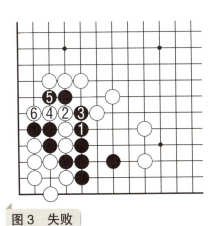

图 3 失败

黑 1 打吃是典型的俗手，白 2 冲后，黑棋吃不住白棋。

问题 16 解说

图 1　正解

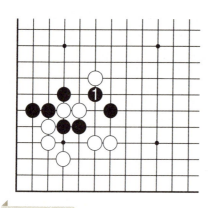

图 1　正解

黑 1 是解决问题的手筋，白棋不能逃脱。

图 2　失败 1

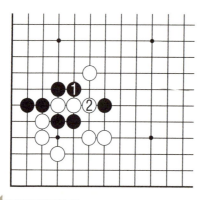

图 2　失败 1

黑 1 直接打吃是未能发现正解手筋的下法，白 2 长后，黑棋一无所获。

图 3　失败 2

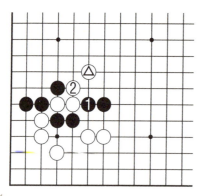

图 3　失败 2

黑 1 打吃是帮助白棋与白△子联络的下法。

问题 17

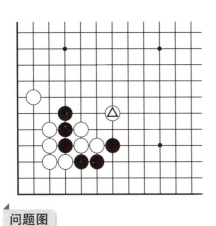

黑先。黑棋如何切断白△子与中间白三子的联络，并吃住中间白三子？

问题图

问题 18

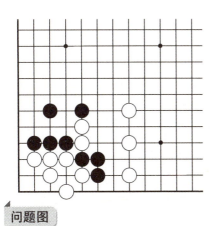

黑先。下边的黑三子已经非常危险，但黑棋不能轻易退让。那么请问黑棋起死回生的手筋是什么？

问题图

问题 17 解说

图 1　正解

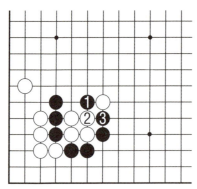

图 1　正解

黑 1 搭是切断白棋生命线的手筋。白 2 冲时，黑 3 挡，白数子只好束手就擒。

图 2　失败 1

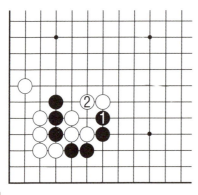

图 2　失败 1

黑 1 长，白 2 联络，黑棋失败。

图 3　失败 2

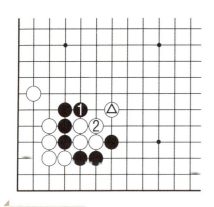

图 3　失败 2

黑 1 打吃是错误下法，白 2 后，白棋可以与白△子形成联络，黑棋失败。

问题 18 解说

图 1 正解

黑 1 扳，关住白子，以下进行至黑 5，可以吃住中间的白子并救出下边的黑棋。

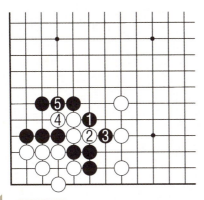

图 1 正解

图 2 失败 1

黑 1 封锁时，白 2 挖，黑棋失败。以下进行至白 12，黑三子反而被吃。

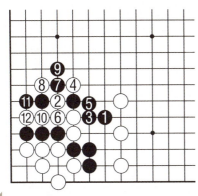

图 2 失败 1

图 3 失败 2

黑 1 长是坏棋，白 2 补棋后，下边黑三子已无力回天。

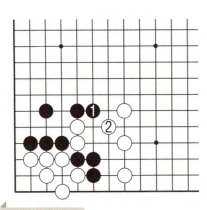

图 3 失败 2

问题 19 ▶▶

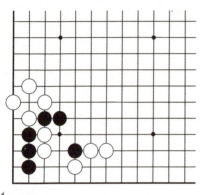

问题图

黑先。角上黑棋要想活,只能利用白棋的弱点。那么请问白棋的弱点在哪里?

问题 20 ▶▶

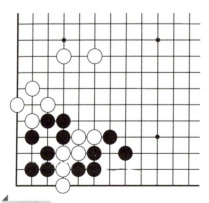

问题图

黑先。黑棋欲通过严厉的攻击以吃掉下边的一块白棋。但如果黑棋行棋不慎,白棋有可能冲破黑棋的包围网。那么请问黑棋解决问题的手筋是什么?

问题19 解说

图1 正解

黑1是解决问题的出发点，白2时，黑3断，可以吃住白二子。

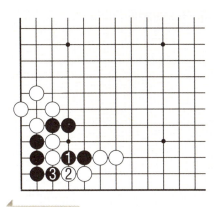

图1 正解

图2 变化

黑1时，白2若进行抵抗，黑3冲，以下至黑7，白棋的损失更大。

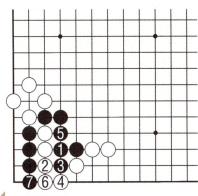

图2 变化

图3 失败

黑1扳，白2可以打吃。之后黑A则白B，黑B则白A，黑均失败。

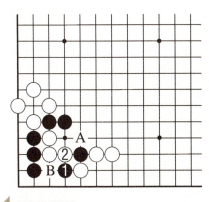

图3 失败

问题20 解说

图1 正解

黑1飞封是不让白棋动弹的手筋，以下无论白怎样挣扎都无济于事。

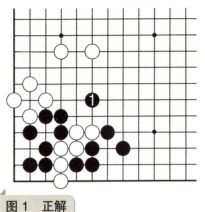

图1 正解

图2 失败1

黑1贴紧气，在目前形势下不是正确的下法，其后白4时，黑5必须连接，白6双打，黑失败。

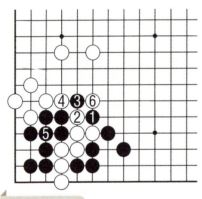

图2 失败1

图3 失败2

黑1长时，白2跳是手筋，黑3以下进行至白6，白棋仍可双打。

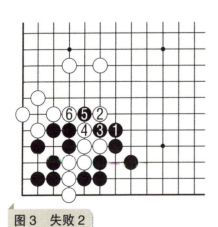

图3 失败2

问题 21

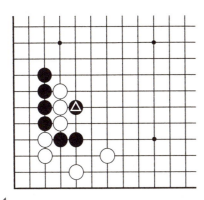

问题图

黑先。本题中黑棋要想吃住中间白三子,不应受黑▲一子的束缚。那么请问黑棋解决问题的手筋是什么?

问题 22

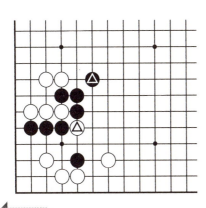

问题图

黑先。白▲一子正断在黑棋的要害之处,黑棋如吃不住这一子,将会非常被动。那么请问黑棋应如何解决问题?黑棋应充分发挥黑▲一子的作用。

问题 21 解说

图1 正解

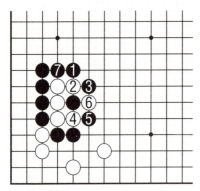

图1 正解

黑1将白棋封住是最佳下法，白2时，黑3挡，白4冲，黑5挡非常重要，其后白6提子时，黑7可以打白棋接不归。

图2 失败1

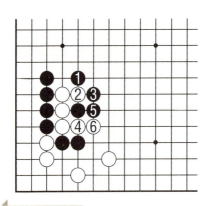

图2 失败1

白4冲时，黑5如果连接，白6长，则黑形崩溃。

图3 失败2

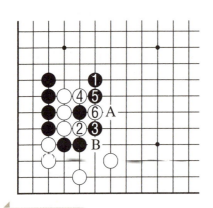

图3 失败2

黑1封时，白2可以进行抵抗，以下进行至白6，其后黑A时，白B可打吃，而黑B时，白A可出头，白棋均冲破黑的包围网。

问题 22 解说

图 1 正解

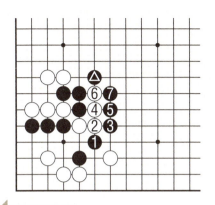
图 1 正解

黑 1 枷是手筋，以下至黑 7 追击，由此可发现黑△一子的作用。

图 2 失败 1

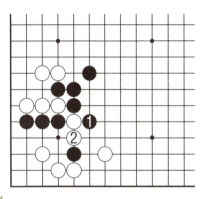
图 2 失败 1

黑 1 打吃，白 2 长，黑棋无后续手段。

图 3 失败 2

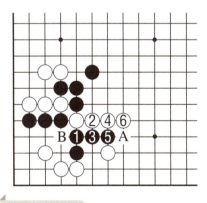
图 3 失败 2

黑 1 打吃也是典型的俗手，以下进行至白 6，黑棋 A 位要被封，且 B 位还有断点，黑棋大败。

问题 23 ▶

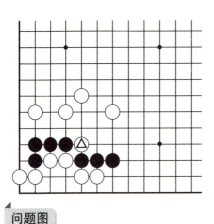

问题图

黑先。左边的黑四子已经面临危机，如果不能吃住白△子，将非常危险。那么请问黑棋起死回生的手筋是什么？

问题 24 ▶

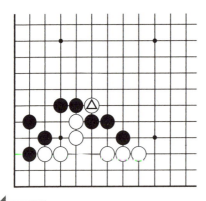

问题图

黑先。本题的棋形由小目一间高挂派生而来。黑棋如何吃住白△一子？请问在征子不利的情况下，黑棋的手筋是什么？

问题 23 解说

图 1 正解

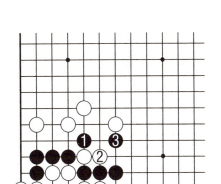

图 1 正解

黑1先打吃，白2长时，黑3再枷是手筋，其后无论白棋如何努力，都无法逃脱。

图 2 失败 1

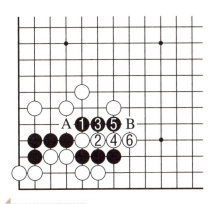

图 2 失败 1

黑1、3、5连续打吃，其后黑棋有A位断点或被白棋在B位封，黑棋失败。

图 3 失败 2

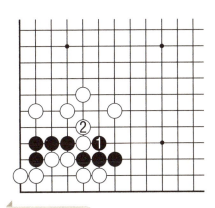

图 3 失败 2

黑1打吃，白2可以联络。

问题 24 解说

图 1　正解

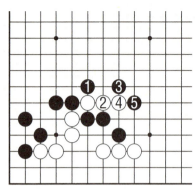

图 1　正解

黑 1 先打吃，白 2 时，黑 3 可以枷。其后白 4 冲时，黑 5 扳住即可。

图 2　失败 1

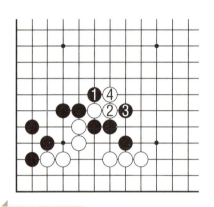

图 2　失败 1

如果征子不利，黑 1、3 征吃不可采用。即使黑棋征子有利，也留有被引征的弱点。因此希望大家在实战中选择正解的进行。

图 3　失败 2

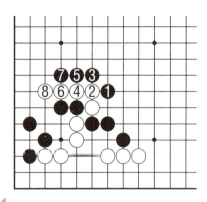

图 3　失败 2

黑 1 以下进行至白 8，黑棋吃不住白棋。

问题 25 ▶

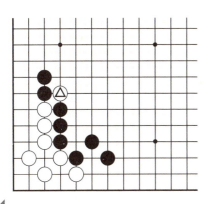

问题图

黑先。黑棋能否吃住白△一子？黑棋如能吃住白△子，将比较好下。那么请问黑棋解决问题的手筋是什么？

问题 26 ▶

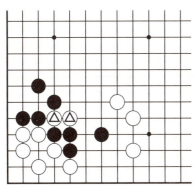

问题图

黑先。下边黑四子非常危险，黑棋如果只单单救出四子，并不困难。但黑棋如能攻击白△二子，则再好不过。那么请问黑棋应如何下？

问题 25 解说

图 1 正解

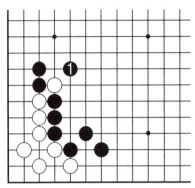

图 1 正解

黑 1 枷不易想到，但却可制住白△一子。后续变化见图 2。

图 2 正解继续

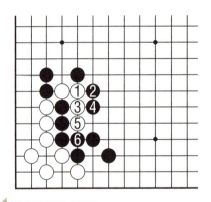

图 2 正解继续

白 1 冲，黑 2 挡，白 3、5 时，黑可下 4、6，白棋不可能逃脱。

图 3 失败

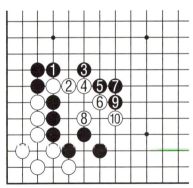

图 3 失败

黑 1、3 封锁白棋是错误下法，至白 10 白棋可成功逃跑。

问题 26 解说

图 1 正解

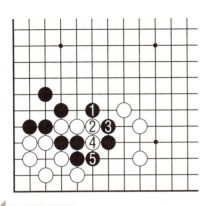

图 1 正解

黑 1 枷即可简单解决问题，以下的进行只是帮助大家理解。

图 2 失败 1

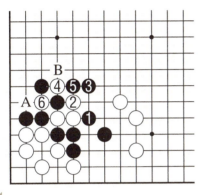

图 2 失败 1

黑 1、3 是典型的俗手，以下进行至白 6，黑 A 时，白 B 长，双方必然下成打劫；如黑 B，则白 A 可以打吃。

图 3 失败 2

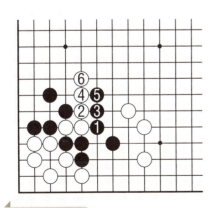

图 3 失败 2

黑 1 以下进行至黑 5，黑棋仅仅是逃脱下边的黑子，但不仅其步伐落后于白棋，而且对左边的黑子也有不良影响。

问题 27 ▶

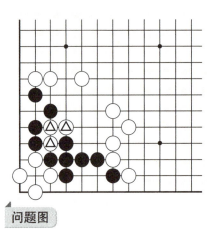

问题图

黑先。黑白双方处于相互纠缠的状态，黑棋如果处理不好，将会非常危险。但只要黑棋能吃住白△三子，即可安然无恙。那么请问黑棋解决问题的手筋是什么？

问题 28 ▶

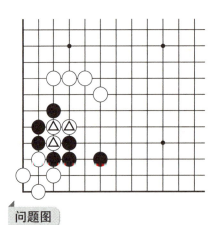

问题图

黑先。左边黑三子实在太危险了。请问黑棋处理问题的手筋是什么？黑棋如何封住白△三子是成败的关键。

问题 27 解说

图 1 正解

黑 1 枷是吃白三子的手筋，黑棋左右两块棋可以转危为安。

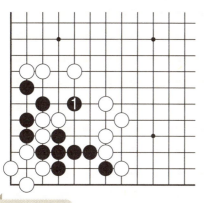

图 1 正解

图 2 正解继续

白 1 冲时，黑 2 扳，即可轻松解决问题。

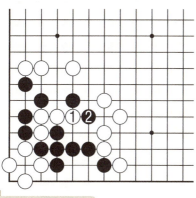

图 2 正解继续

图 3 失败

黑 1 打吃，进行至白 4，黑棋对白已无可奈何。

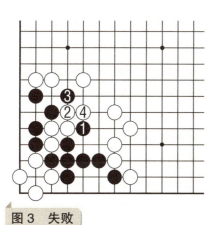

图 3 失败

问题 28 解说

图 1 正解

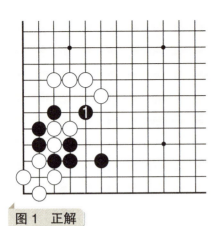

图 1 正解

黑 1 枷是最有效的方法，压制住白三子，两侧的黑棋就可形成联络。

图 2 正解继续

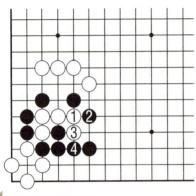

图 2 正解继续

白 1 冲并不可怕，以下进行至黑 4，黑棋没有漏洞。

图 3 失败

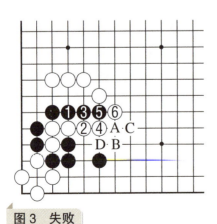

图 3 失败

黑 1 打吃是俗手，以下进行至白 6，黑棋已无法逃脱。其后黑 A 即使断，经白 B、黑 C、白 D，黑棋失败。

问题 29

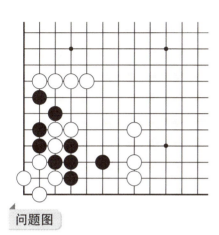

问题图

黑先。本题与前面的棋形或许有些差异,但解决问题的要领却相同。那么请问黑棋的手筋是什么?

问题 30

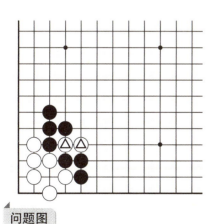

问题图

黑先。黑棋要吃白△二子,并非一手棋就能成功。第一手棋仅是铺垫,其后的进行非常重要。那么请问黑棋解决问题的手筋是什么?本题中不考虑征子手段。

问题 29 解说

图 1 正解

黑1枷是封锁白三子的严厉手筋，后续进行见图2。

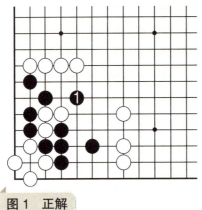

图 1 正解

图 2 正解继续

白1冲，以下进行至黑4，白棋不得不举手投降。

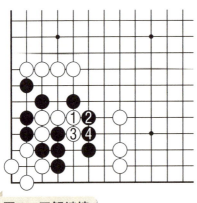

图 2 正解继续

图 3 失败

黑1打吃无谋，白2后，黑棋无法应。其后黑A、白B、黑C、白D，黑棋失败。

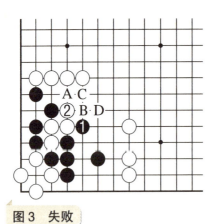

图 3 失败

问题 30 解说

图 1　正解

黑1先打吃，白2长时，黑3枷很痛快，其后白4冲，黑5扳即可解决问题。

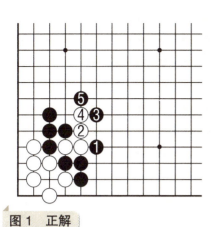

图 1　正解

图 2　失败 1

黑1封不可能取得成功，白2以下进行至白6，下边黑三子反而被吃。

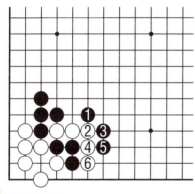

图 3　失败 2

黑1、白2时，黑棋未能发现手筋，黑3打吃是恶手，白4长后，黑棋无论如何都吃不住白四子。

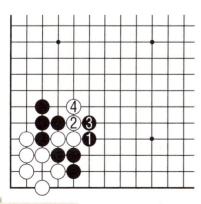

图 3　失败 2

问题 31 ▶

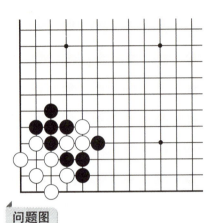

问题图

黑先。如果能充分理解以前我们所分析的问题，凭感觉就能解决本题。那么请问黑棋应如何下？其中第一手棋是关键。

问题 32 ▶

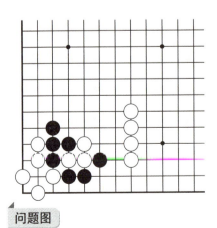

问题图

黑先。黑棋如果仅仅急于逃脱下边三子，将难逃失败的命运。那么请问黑棋吃住中间白三子的手筋是什么？

问题 31 解说

图 1 正解

黑 1 枷正确，可以吃住中腹白三子，并安定左右两边的黑棋。

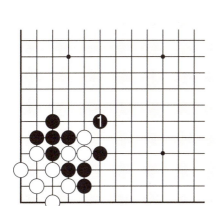

图 1 正解

图 2 正解继续

白 1 时，黑 2 扳，可封锁白棋出路。

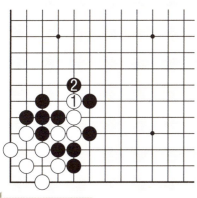

图 2 正解继续

图 3 失败

黑 1 在大范围内捕捉白棋，自身棋形太弱，此时白 2 长是好棋，黑 3 时，白 4 或白 A 扳可出头。

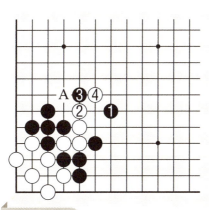

图 3 失败

问题 32 解说

图 1　正解

黑 1 枷是解决问题的手筋，如能一眼发现这一手筋，则说明对问题已有了充分的了解。其后白 2 时，黑 3 扳即可。

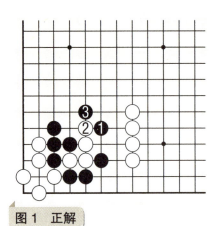

图 1　正解

图 2　失败 1

黑 1 打吃是在帮对方下棋，白 2 长后，黑棋已无能为力。

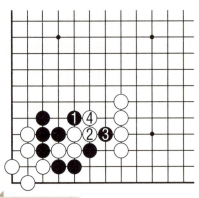

图 2　失败 1

图 3　失败 2

黑 1 以下至黑 5，黑棋一味出逃，即使可以救活下边几子，却伤及左边的黑棋，得不偿失。

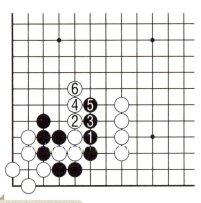

图 3　失败 2

问题 33 ▶

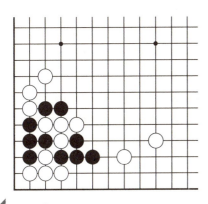

问题图

黑先。角上白棋能否活并不是黑棋要考虑的。黑棋如何处理四分五裂的棋形，才是当务之急。那么请问黑棋应如何下？

问题 34 ▶

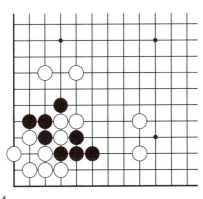

问题图

黑先。左边和下边的黑棋确实令人担忧，只有吃住中腹白三子，黑棋才能安心。那么请问黑棋解决问题的手筋是什么？

问题 33 解说

图 1　正解

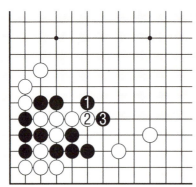

图 1　正解

黑 1 枷是解决问题的手筋，白 2 时，黑 3 扳后，即可实现目标。

图 2　变化

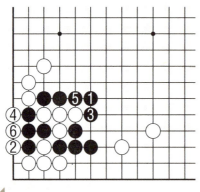

图 2　变化

黑 1 时，白 2 大概只得如此，黑 3 则打吃中腹白子，而角上白棋与友军联络是黑棋无可奈何的事情。

图 3　失败

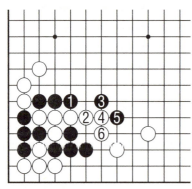

图 3　失败

黑 1 打吃，黑 3 再封，想法虽然不错，但在本题却不能成功。

问题 34 解说

图 1　正解

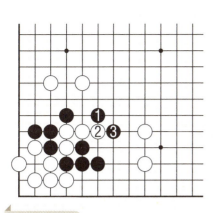

图 1　正解

黑 1 枷是吃白三子的手筋，白 2 时，黑 3 扳，白棋不能逃脱。

图 2　失败 1

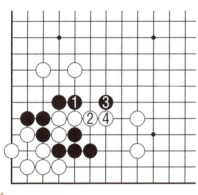

图 2　失败 1

黑 1 打吃后黑 3 封，结果黑棋慢一拍，至白 4，白棋成功联络。

图 3　失败 2

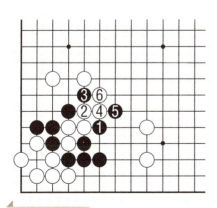

图 3　失败 2

黑 1 打吃是错误下法，以下进行至白 6，黑棋反而被吃。

问题 35 ▶

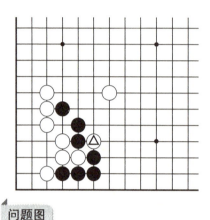

问题图

黑先。本题同样是黑棋如何吃住白△一子。问题与前面讲过的稍有不同,需要黑棋的思考能力。请问黑棋如何下才能解决问题?

问题 36 ▶

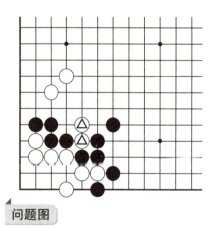

问题图

黑先。左边的黑棋似乎已孤立无援,只有吃住白△二子才行。大家只要认真想,便不难理出头绪。那么请问黑棋应如何下?

问题 35 解说

图 1 正解

黑1枷很痛快，如果能一眼看出这手棋，则可说明围棋水平已有长进。后续变化见图2。

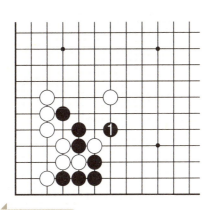

图1 正解

图 2 正解继续

白1冲，黑2是好棋，白3拐头，以下至黑8，白棋不得不举手投降。

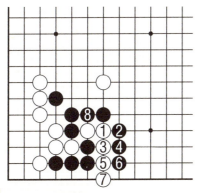

图2 正解继续

图 3 失败

黑1打吃，其后黑3封，以下进行至白8，左边的黑三子已不能活。

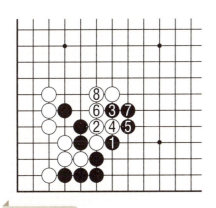

图3 失败

问题36 解说

图1 正解

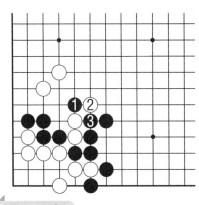

黑1顶即可吃住白二子,其后白2扳时,黑3可以断。

图2 变化

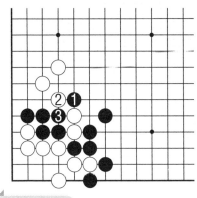

黑1顶时,白2如果在另一侧扳,黑3断同样可以解决问题。

图3 失败

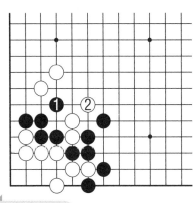

黑1穿象眼时,白2尖出,白棋可救出二子。以后黑棋为安定左边几子,肯定会花费不少心思。

问题 37 ▶

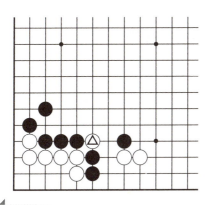

问题图

黑先。要救出下边黑二子，方法有多种，但如果只一味逃跑，将不利于以后的进行。只有吃掉白△子，才能干净利落地解决问题。那么请问黑棋应如何下？

问题 38 ▶

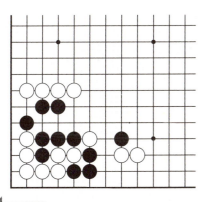

问题图

黑先。左边黑棋和下边黑棋的处境都不好，黑棋应如何进行处理？请问黑棋解决问题的手筋是什么？

问题 37 解说

图 1 正解

黑1枷是解决问题的手筋，白2以下进行至黑7，白棋只有屈服。

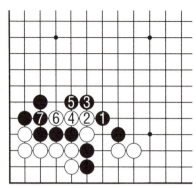

图 1 正解

图 2 失败 1

黑1打吃时，白2可以冲，其后黑3打吃，白4可以逃跑。其中黑3与白4互换位置，结果也一样。

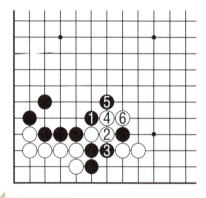

图 2 失败 1

图 3 失败 2

黑1、3单单逃跑下边几子不可取，白棋以后在A位攻击是急所。

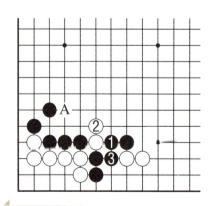

图 3 失败 2

问题 38 解说

图 1　正解

黑 1 枷是解决问题的手筋，白 2 以下至黑 5，白棋的挣扎是徒劳的。

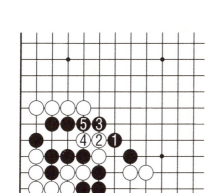

图 1　正解

图 2　变化

黑 1 时，白 2 如求变，黑 3 断后，结果与正解相同。

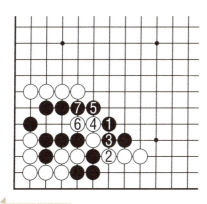

图 2　变化

图 3　失败

黑 1 打吃，以下进行至白 6，黑棋自寻死路。

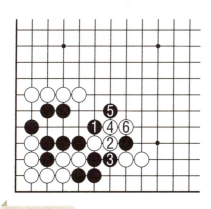

图 3　失败

问题 39 ▶

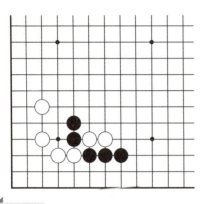

问题图

黑先。如何吃住中间的白二子是黑棋目前面临的问题，这种问题是实战中经常出现的。感觉敏锐的人一眼就能发现答案。那么请问黑棋应如何下？

问题 40 ▶

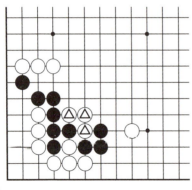

问题图

黑先。中腹的白△三子处于左边和下边黑棋的要害之处，黑欲将这三子吃掉以安定被分割的黑棋。那么请问黑棋解决问题的手筋是什么？

问题 39 解说

图 1 正解

黑 1 枷是解决问题的手筋，后续变化见图 2。

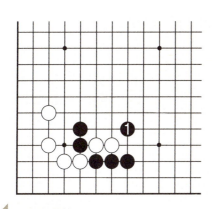

图 1 正解

图 2 正解继续

白 1 如果冲，黑 2 挡，白 3 时，黑 4 再挡。白 1 如果下在 A 位，黑 B 则可冲断。

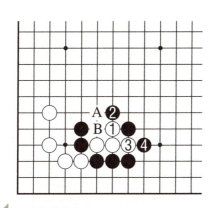

图 2 正解继续

图 3 失败

黑 1 拐，白 2 或白 A 后，黑棋失败。

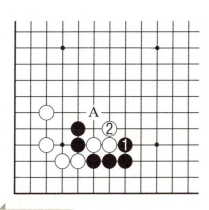

图 3 失败

问题 40 解说

图 1 正解

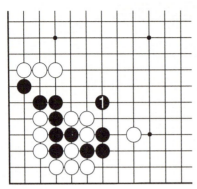

图 1 正解

黑 1 枷即可吃住中腹白三子。以后的进行仅是进一步说明，请见图 2。

图 2 正解继续

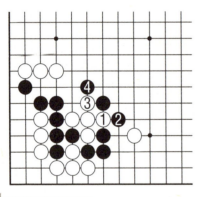

图 2 正解继续

白 1、3 向外冲时，黑 2、4 挡，白棋的挣扎没有用。

图 3 失败

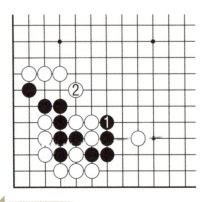

图 3 失败

黑 1 紧气，白 2 单跳，左边黑棋瞬间处于绝望的境地。

问题 41

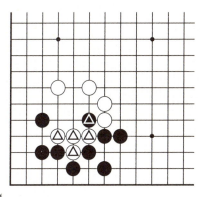

问题图

黑先。本题是黑棋如何吃白△四子的问题。黑棋如何发挥黑▲一子的作用是成败的关键。那么请问黑棋应如何下？

问题 42

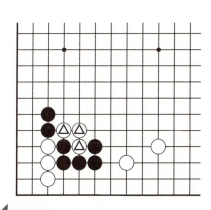

问题图

黑先。由于白△三子外围比较大，黑棋要吃这三子好像有点难。那么请问黑棋解决问题的手筋是什么？

问题 41 解说

图 1 正解

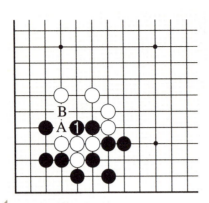

图1 正解

黑1贴是解决问题的手筋。以后白A时，黑B即可，白棋无法逃跑。

图 2 失败 1

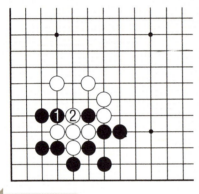

图2 失败1

黑1时，白2可打吃黑一子，黑棋失败。

图 3 失败 2

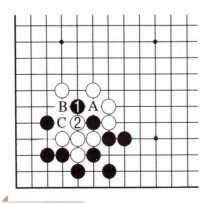

图3 失败2

黑1尖时，白2打，黑棋也失败。以后若黑A连接，白B可打吃。黑1时，白棋如下在B位，黑C后，白棋在2位已不入气。

问题42 解说

图1 正解

黑1枷是解决问题的唯一方法，白棋因为这手棋而无法逃脱。

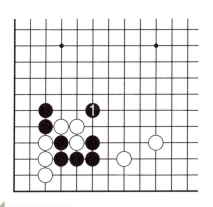

图1 正解

图2 正解继续

白1、3向外突，至黑4，黑棋成功。其中白1如果下在A位单跳，黑B冲断即可。

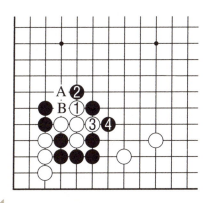

图2 正解继续

图3 失败

黑1时，白2或白A应后，白棋可以突围。

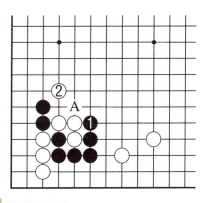

图3 失败

问题 43

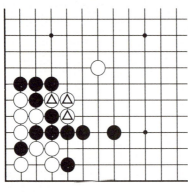

问题图

黑先。本题与前面的几个问题相似，同样是黑棋须关住白△三子。那么请问黑棋正确的下法是什么？

问题 44

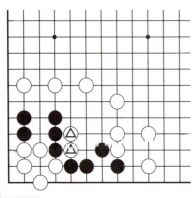

问题图

黑先。处于白棋包围中的黑棋要想活，只有吃住白△二子。如果能立即发现正确答案，则说明围棋感觉不错。那么请问黑棋应如何下？

问题43 解说

图1 正解

黑1枷是取胜的手筋，以后白三子无论如何下都救不活。

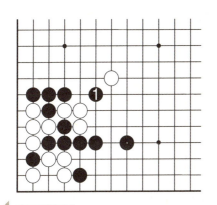
图1 正解

图2 失败

黑1缺乏思考，白2长后，黑棋的步伐永远落后于白棋。

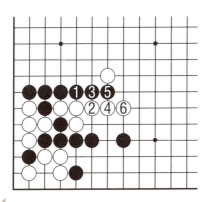
图2 失败

图3 参考

图2中黑1压时，白2单跳非常不好，而黑3可以吃住白棋。以后白A时，黑B应；而黑B时，白A应。

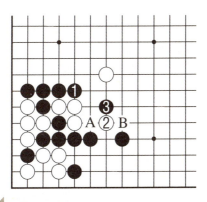
图3 参考

问题 44 解说

图 1　正解

黑 1 枷吃住白二子，是安定黑棋的唯一出路。

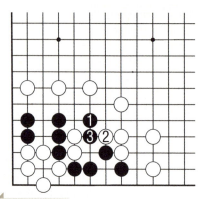

图 1　正解

图 2　失败 1

黑 1 飞过于贪心，白 2、4 后，黑棋明显失败。

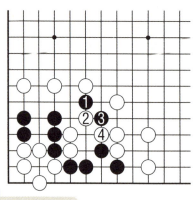

图 2　失败 1

图 3　失败 2

黑 1、3 追击白棋时，白 2、4 冲出，黑棋没取得任何成果。

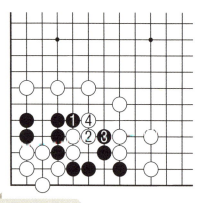

图 3　失败 2

问题 45

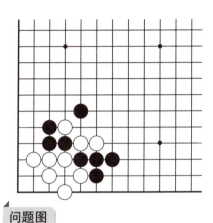

问题图

黑先。左右黑棋如何联络？问题虽然多少有点难，但眼力好的人稍加思考就该找到正确答案。那么请问黑棋应如何下？其中第一手棋是成败的关键。

问题 46

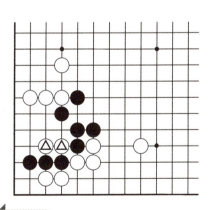

问题图

黑先。角上黑三子的命运取决于黑棋能否吃住白△二子。黑棋如果找不出手筋，就只能认输了。那么请问黑棋应怎样下？

问题 45 解说

图 1 正解

左右黑棋要联络，其方法只有吃住中间的白子，而黑 1 枷正是解决问题的手筋。白 2、4 时，黑 3、5 可以封锁，白棋不能逃脱。

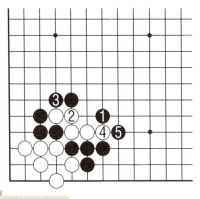

图 1 正解

图 2 变化

黑 1 时，白 2 如谋求变化，黑 3 断，黑棋仍可吃住白要紧的二子。

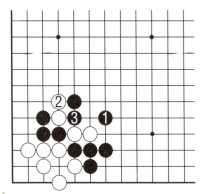

图 2 变化

图 3 失败

黑 1 断操之过急，白 2、4 后，白棋成功逃跑。

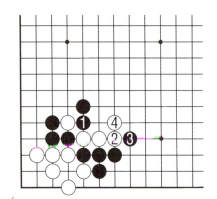

图 3 失败

问题 46 解说

图1 正解

黑1枷，切断白二子的出路，是救活角上黑棋的手筋。白2以下进行至黑7，黑棋成功。

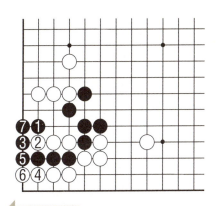

图1 正解

图2 失败1

黑1靠错误，白2下立，黑3只好贴住，白4打吃，可以吃住角上黑子。

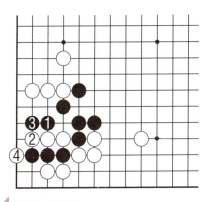

图2 失败1

图3 失败2

黑1拐头，结果也不能如愿。白2以下至白6，白棋成功渡过，角上黑棋自然死亡。

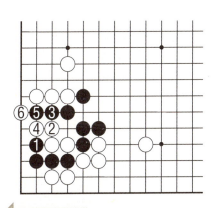

图3 失败2

问题 47

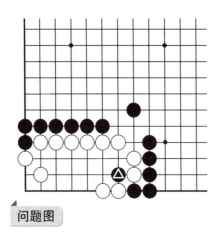

问题图

黑先。由于白棋存在缺陷，故而左下角还不能说已完全是白的领地。黑棋如能充分利用黑△一子，完全有棋可下。那么请问黑棋应如何下？

问题 48

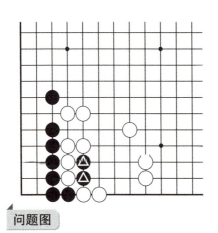

问题图

黑先。黑棋如能成功起动黑△二子，则可以破坏下边的白地。但黑棋如果盲目地打吃，反而会遭失败，因此应该慎重。那么请问黑棋解决问题的手筋是什么？

问题 47 解说

图 1　正解

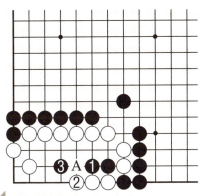

图 1　正解

黑 1 打，其后黑 3 枷是解决问题的手筋。黑棋在黑 3 之前，先黑 1 打是非常重要的次序。如果刚开始就在 A 位封，则白棋在 1 位应，黑棋失败。

图 2　失败 1

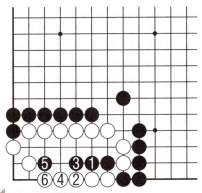

图 2　失败 1

黑 1、白 2 时，黑 3 是多余动作，白 4 时，黑 5 再枷为时已晚，白 6 可以联络。

图 3　失败 2

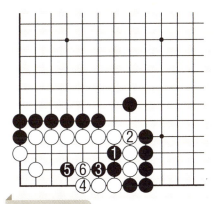

图 3　失败 2

黑 1 与白 2 交换是在帮对方下棋，黑棋由于自己撞气，至黑 5 时，白 6 可以成立。

问题 48 解说

图 1 正解

黑 1 枷即可成功限制白二子的行动，其后白 A 时，黑 B 应即可。

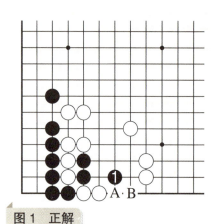

图 1 正解

图 2 失败 1

黑 1 如急于打吃，被白 2 长后，黑棋不能成功。其后黑 3 时，白 4 可以联络。

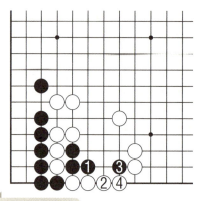

图 2 失败 1

图 3 失败 2

黑 1 打吃，以下进行至白 4，仍是失败。

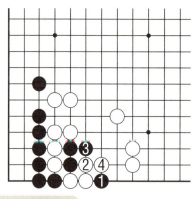

图 3 失败 2

问题 49

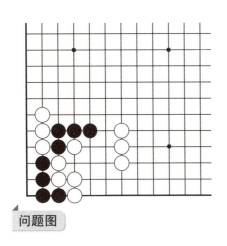

黑先。下边白棋的棋形并非完美无缺。那么请问黑棋攻击白棋的急所在哪里？

问题图

问题 50

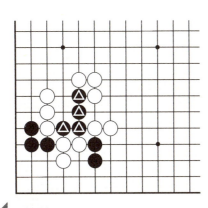

黑先。被白棋包围的黑⚫四子仍有活出的可能，但前提条件是将下边的白三子的气限制在三口气以内。那么请问黑棋使中腹三子复活的手筋是什么？

问题图

问题 49 解说

图 1 正解

黑 1 靠是攻击白棋要点的手筋，其后白 2 时，黑 3 则是准备好的手段，以后白 A 连接时，黑 B 可以打吃。

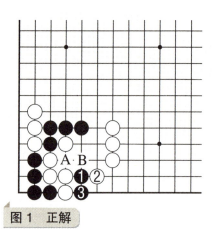

图 1 正解

图 2 变化

黑 1 时，白 2 如果求变化，黑 3 打吃同样可以解决问题。白 A 如果连接，黑有 B 位打的手段。

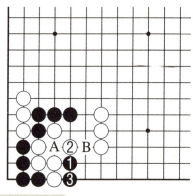

图 2 变化

图 3 失败

黑 1 刺，但白 2 跳渡，黑棋失败。

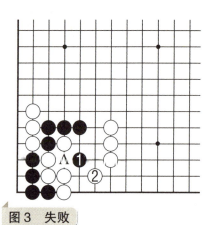

图 3 失败

问题 50 解说

图 1　正解

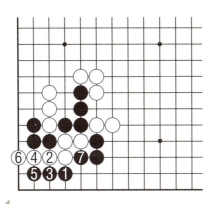

图 1　正解

黑1顶，紧白棋的气，是解决问题的手筋。其后白2时，黑3以下进行至黑7，黑棋一直将白棋的气限制在三口气以内。

图 2　失败 1

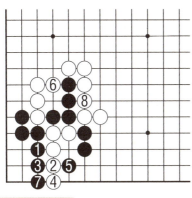

图 2　失败 1

黑1明显缺少谋略，白2长，以下进行至白8，黑棋的气不够。

图 3　失败 2

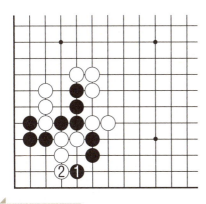

图 3　失败 2

黑1尖时，白2长，黑棋同样气不够。

问题 51

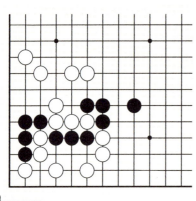

问题图

黑先。左边的黑四子和中部的黑三子都处于白棋的包围中，形势非常危险。但白棋的包围并非无懈可击，那么请问黑棋应如何下？

问题 52

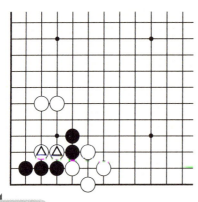

问题图

黑先。要救活角上黑三子并不困难，现在的问题是黑棋如何吃住白△二子。那么请问黑棋应如何下？

问题 51 解说

图 1　正解

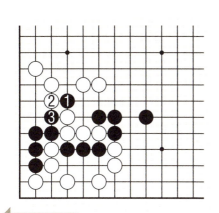

图 1　正解

黑 1 顶是攻击对方弱点的手筋。白 2 时，黑 3 断，黑棋达到预期的目的。

图 2　变化

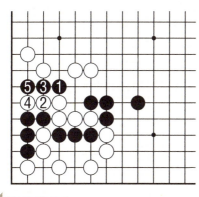

图 2　变化

黑 1 时，白 2、4 冲，至黑 5，白棋仍逃脱不掉。

图 3　失败

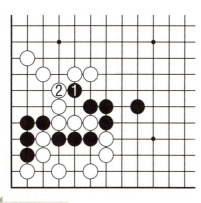

图 3　失败

黑 1 尖，白 2 可以联络，黑棋毫无成果。

问题 52 解说

图 1　正解

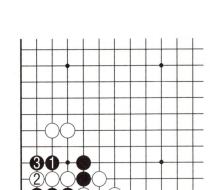

图 1　正解

黑 1 夹将白棋二子纳入包围圈，其后白 2，黑 3 贴，白棋已动弹不得。

图 2　失败 1

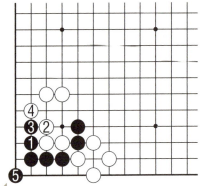

图 2　失败 1

黑 1 拐头吃不住白棋，以下进行至黑 5，黑棋虽可活角，但中腹黑二子却失去了力量。

图 3　失败 2

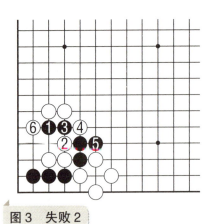

图 3　失败 2

黑 1 靠过薄，白 2 以下进行至白 6，黑棋的弱点就暴露出来了。

问题 53 ▶▶

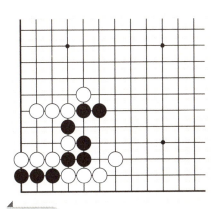

问题图

黑先。黑棋如何利用白棋的弱点以救活角上黑三子？黑棋如果直接提去被打吃的白一子，结果肯定不好。那么请问黑棋应如何下？

问题 54 ▶▶

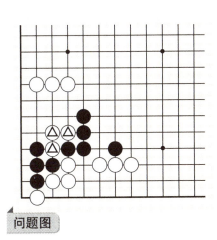

问题图

黑先。如要救活角上处于困境中的黑棋，其方法只有吃住白△三子。黑棋如能正确下出第一手棋，其后的进行将比较简单。那么请问黑棋解决问题的手筋是什么？

问题53解说

图1 正解

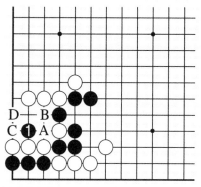

黑1夹是好棋,黑棋如能发现这手棋,其后的进行将非常简单。以后白A时,黑B应;而白C时,黑D应。

图2 失败1

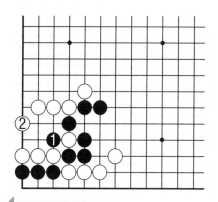

黑1提白一子操之过急,白2可上下联络,结果黑棋空手而归。

图3 失败2

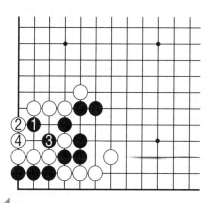

黑1计算错误,白2、4可成功联络。

问题54 解说

图1 正解

黑1将白三子关住，是解决问题的唯一急所。白2时，黑3断，可以吃住白棋。其中白2如果下在3位，黑棋在2位贴即可。

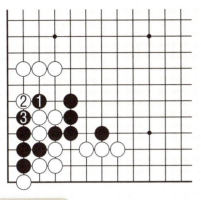

图1 正解

图2 失败1

黑1时，白2应，白棋可以联络。

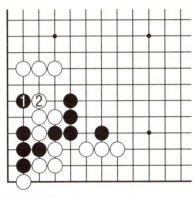

图2 失败1

图3 失败2

黑1飞，白2应，其后黑A、白B、黑C、白D，黑棋失败。

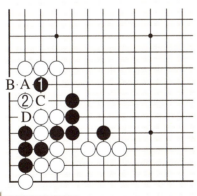

图3 失败2

问题 55

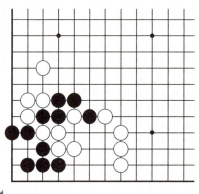

问题图

黑先。中腹的黑棋如果一味逃跑，黑棋将会很困难。其有效的方法只有冲破白棋的包围，与角上黑棋形成联络。那么请问黑棋解决问题的手筋是什么？

问题 56

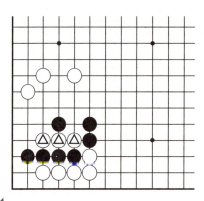

问题图

黑先。黑棋如何攻击白△三子直接关系到角上黑棋的死活。但黑棋如想一手棋解决问题也有些过分。那么请问黑棋应如何下？

问题55 解说

图1 正解

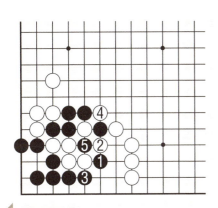

图1 正解

黑1顶是攻击白棋的严厉手段，以下进行至黑5，黑棋可以达到目的。黑棋如果劫材丰富，也有将黑3下在5位提子而打劫的下法。

图2 变化

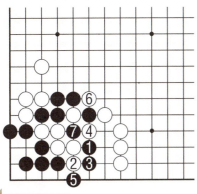

图2 变化

黑1时，白2冲没用，以下进行至黑7，白棋比正解图的损失更大。其中白4如下在5位，黑棋下在7位，白棋结果最坏。

图3 失败

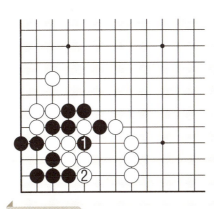

图3 失败

黑1直接提白一子是因小失大的下法，白2拐，黑棋再无手段。

问题56 解说

图1 正解

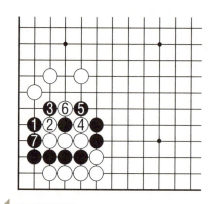

图1 正解

黑1枷阻止白棋三子的行动,是非常重要的一手棋。白4时,黑5非常重要,至黑7,白棋接不归。

图2 变化

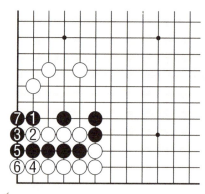

图2 变化

黑1时,白2冲是徒劳的,以下至黑7,黑棋非常干净。

图3 失败

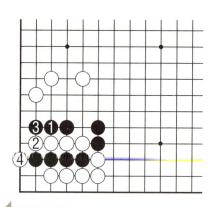

图3 失败

黑1是失败下法,白2时,黑3继续挡,至白4,黑四子被吃。

问题 57

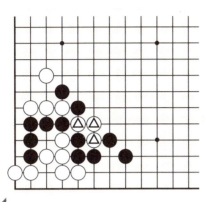

问题图

黑先。本题的问题多少有点拐扭，黑棋如果采用短视的下法不可能取得成功。那么请问黑棋如何下才能吃住中腹白△三子？

问题 58

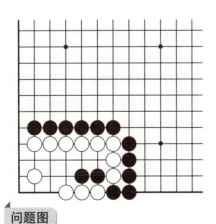

问题图

黑先。左下角如果全部变成白棋的实地，黑棋会感到非常冤。黑棋的第一手棋完全可以凭感觉想到，但其后的进行需要飞跃性的思维。那么请问黑棋应如何下？

问题 57 解说

图 1 正解

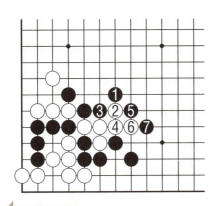

图 1 正解

黑 1 枷是置白棋于死地的手筋，白 2 以下的进行仅作为说明。

图 2 变化

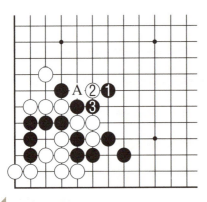

图 2 变化

黑 1 时，白 2 如果跨，则黑 3 挡，同样可以解决问题。其中白 2 如果下在 A 位，黑棋下在 3 位，也是白被吃。

图 3 失败

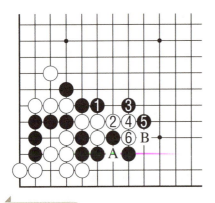

图 3 失败

黑 1 先打，白 2 时，黑 3 再封为时已晚，以下进行至白 6，黑 A 时，白 B 可以出头；而黑 B 时，白 A 可以提子。黑棋失败。

问题 58 解说

图 1　正解

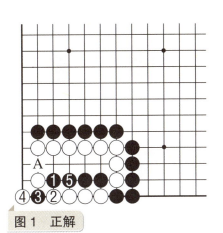

图 1　正解

黑 1 枷是当然的一手。白 2 时，黑 3 是必须牢记的次序，白 4 不得已提子。黑 5 打吃时，白已不能在 3 位接，因有黑 A 的手段。

图 2　失败 1

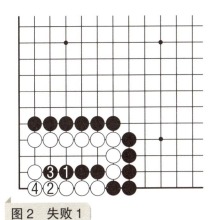

图 2　失败 1

黑 1 打吃是俗手，以下至白 4，左下角全部变成了白地。

图 3　失败 2

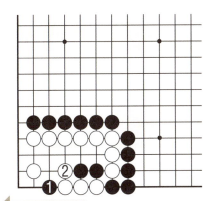

图 3　失败 2

黑 1 打吃，白 2 后，黑棋无后续手段。

问题 59

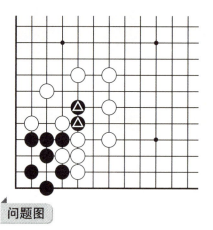

问题图

黑先。由于有黑▲二子的存在，白棋的联络并不完全。黑棋如能正确攻击白棋的薄弱环节，可以大获成功。请问黑棋应如何下？

问题 60

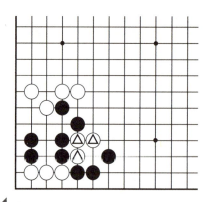

问题图

黑先。本题是黑棋如何吃白▲三子的问题。黑棋由于自身存在弱点，不能枷得过紧，否则将适得其反。那么请问黑棋应如何下？

问题 59 解说

图 1　正解

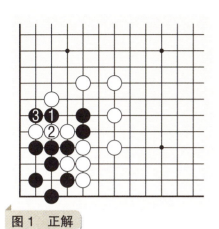

图 1　正解

黑 1 枷是攻击的手筋，白 2 连接时，黑 3 贴，黑棋胜利。

图 2　变化

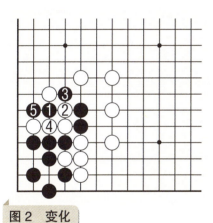

图 2　变化

黑 1 时，白 2 如欲冲出，以下进行至黑 5，与正解相比，没有多大差别。

图 3　失败

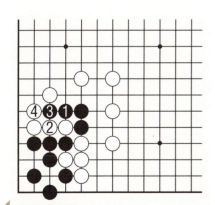

图 3　失败

黑 1 打吃是俗手，以下进行至白 4，白棋成功逃跑。

问题 60 解说

图 1 正解

黑1枷是解决问题的手筋，白2如果尖，黑3扳住，白棋不能逃出。

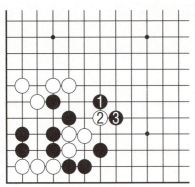

图 1 正解

图 2 变化

黑1时，白2、4如果进行抵抗，以下至黑7，白棋仍然失败。

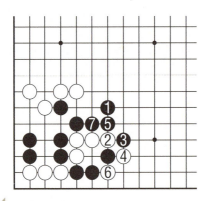

图 2 变化

图 3 失败

黑1紧枷，在本题中不能成立。以下进行至白10，白棋可以冲破黑棋的包围。

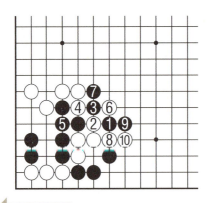

图 3 失败

下篇

问题61～问题123

问题 61

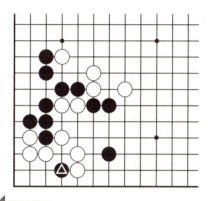

问题图

黑先。右侧的黑三子仍可和左边的黑棋进行联络，而处于白阵中的黑▲一子将会发挥巨大的作用。那么请问黑棋应如何下？

问题 62

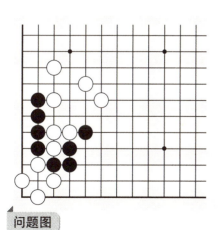

问题图

黑先。左边的黑四子可独立做活，但如能与右侧的四子一起活，其效果会更好。那么请问黑棋解决问题的手筋是什么？

问题61解说

图1 正解

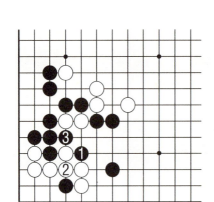

图1 正解

黑1嵌是解决问题的急所,白2只好屈服,黑3则可吃白二子联络。

图2 变化

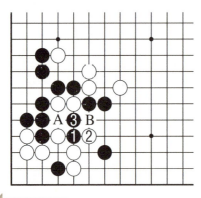

图2 变化

黑1时,白2进行反击并不可怕,黑3应即可,而白棋不能在A位连接。白2如果下在3位或B位也无济于事。

图3 失败

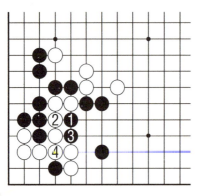

图3 失败

黑1打吃是俗手,以下进行至白4,黑棋无任何手段。

问题 62 解说

图 1 正解

黑 1 夹是解决问题的手筋，白 2 时，黑 3 可吃住白三子。这也是对双方急所的围棋格言的进一步说明。

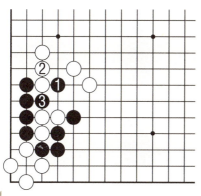

图 1 正解

图 2 变化

黑 1 时，白 2 如求变，黑 3 打，白棋仍然不行。其原因是白棋不能在 A 位连接。

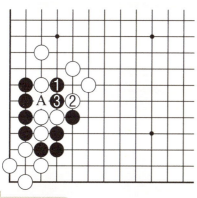

图 2 变化

图 3 失败

黑 1 打吃是失误，以下进行至白 4，下侧的黑四子处境不妙。

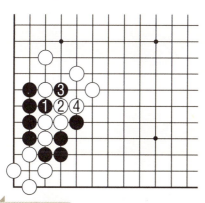

图 3 失败

问题 63

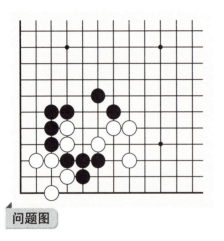

问题图

黑先。要救活下边黑四子,只有使其与上边黑棋形成联络。那么请问黑棋如何利用白棋的弱点来解决问题?

问题 64

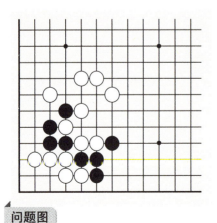

问题图

黑先。左右黑棋能否联络?黑棋如果急于提白一子,将不可能取得成功。那么请问黑棋应如何下?

问题 63 解说

图 1　正解

黑 1 嵌是攻击的急所，白 2 只能后退，黑 3 后，可以吃住白二子。

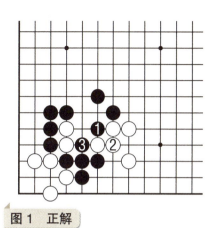

图 1　正解

图 2　变化

黑 1 时，白 2 打毫无作用，黑 3 连接后，白棋 A 位和 B 位两处弱点，不能同时补掉。

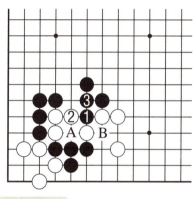

图 2　变化

图 3　失败

黑 1 打吃失去了机会，以下进行至白 4，白棋走厚，黑下边四子自然死亡。

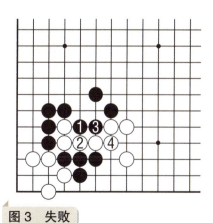

图 3　失败

问题 64 解说

图 1　正解

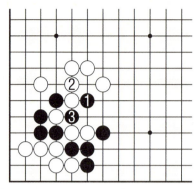

图 1　正解

黑 1 夹是解决问题的急所，白 2 时，黑 3 再提子，结果黑棋可以成功联络。

图 2　变化

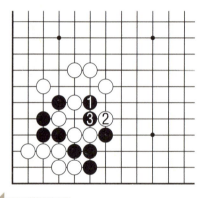

图 2　变化

黑 1 时，白 2 扳谋求变化，黑 3 断，黑棋同样可以取得胜利。

图 3　失败

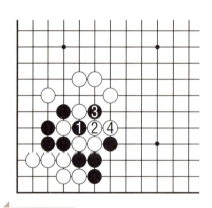

图 3　失败

黑 1、3 是错误的下法，至白 4，左边黑棋很危险。

问题 65

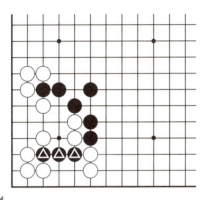

问题图

黑先。黑棋如何救出处于白阵中的黑△三子？白棋的包围看似非常严密，但存在弱点。那么请问黑棋应如何下？

问题 66

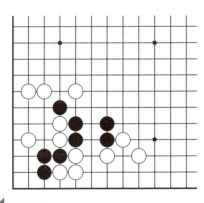

问题图

黑先。黑棋如果仅仅满足于活角，可以说是不明智的。而通过攻击左边白棋的弱点，使黑角与中腹的黑棋形成联络才最理想。那么请问黑棋应如何下？

问题 65 解说

图 1 正解

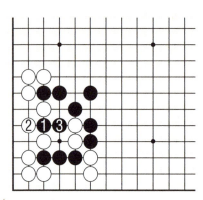

图 1 正解

黑 1 挖是解决问题的急所，白 2 时，黑 3 退，可以吃住白二子。

图 2 变化

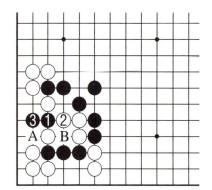

图 2 变化

黑 1 时，白 2 如果从另一边打，黑 3 下立后，白棋 A 位和 B 位两处断点，不可能同时接上。

图 3 失败

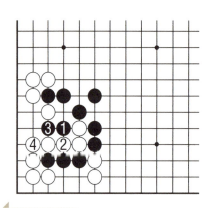

图 3 失败

黑 1 打吃是坏棋，白 2 连接后，黑棋失败。黑 3 时，白 4 可以安然连接。

问题 66 解说

图 1 正解

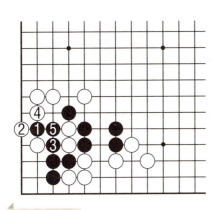

图 1 正解

黑 1 靠是正确下法，白 2 时，黑 3、5 即可达到目的。

图 2 参考

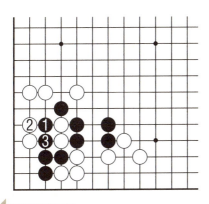

图 2 参考

黑 1 打吃，白 2 时，黑 3 虽可提去白二子，但本图与正解相比相差甚远。

图 3 失败

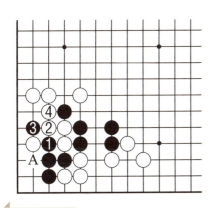

图 3 失败

黑 1、3 完全是不负责任的下法，其后白 4 时，黑 A 应虽可活角，但中腹黑棋却成浮子，黑棋明显失败。

问题 67

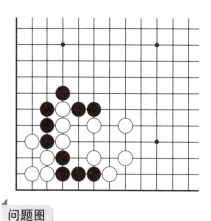

问题图

黑先。下边的黑四子虽处于孤立无援的境地,但绝不可轻言放弃。那么请问黑棋冲破包围的手筋是什么?

问题 68

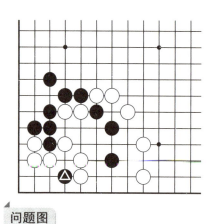

问题图

黑先。不要认为下边已全部成为白棋的实地,黑棋如能充分发挥下边黑▲一子的作用,完全可以找到突破口破坏白棋的空。那么请问黑棋应如何下?

问题 67 解说

图 1 正解

黑 1 挖即可冲破白棋的包围，白 2 时，黑 3 可以吃住白三子。白 2 如果下在 A 位，黑 B 应后，白三子同样被吃。

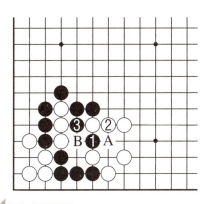

图 1 正解

图 2 变化

黑 1 时，白 2 如打吃，则黑 3 长，以后白 A 时，黑 B 应，而白 C 时，黑 D 应。

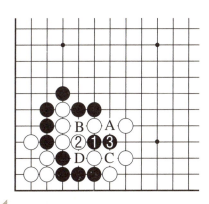

图 2 变化

图 3 失败

黑 1 打吃俗手，以下进行至白 4，黑棋反而被吃。

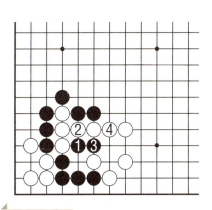

图 3 失败

问题 68 解说

图 1 正解

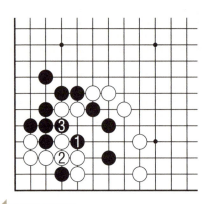

图 1 正解

黑 1 嵌是解决问题的唯一方法，白 2 如果连接，黑 3 可以吃住白二子。

图 2 变化

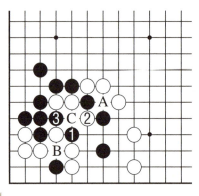

图 2 变化

黑 1 时，白 2 如进行抵抗，黑 3 打吃是显而易见的好手。以后白 A 提子时，黑 B 提可以吃住角上白棋三子；而白 B 时，黑 C 又可以提白二子。其中黑 3 如直接下在 B 位更厉害。

图 3 失败

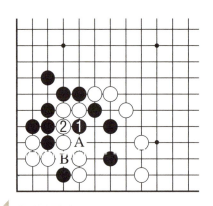

图 3 失败

黑 1 打吃太坏，白 2 连接，其后黑 A 时，白 B 应；黑 B 时，白 A 应。黑棋没有任何收获。

问题 69

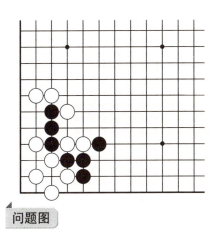

黑先。黑棋如果轻易抛弃左边三子太可惜,本题的棋形在实战中经常出现,请问黑棋的手段是什么?

问题图

问题 70

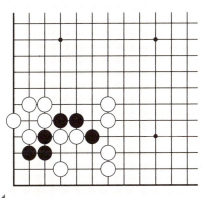

黑先。黑棋的目的并不是单纯的活棋,而是要相互联络。那么请问黑棋应如何下?

问题图

问题 69 解说

图 1　正解

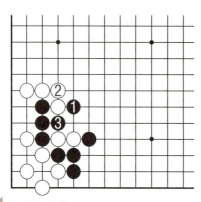

图 1　正解

黑1夹是解决问题的急所,白2时,黑3可以吃住白二子。黑1时,白棋如果下在3位,黑棋则下在2位。

图 2　变化

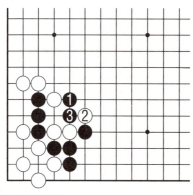

图 2　变化

黑1时,白2如谋求变化,黑3断即可解决问题。

图 3　失败

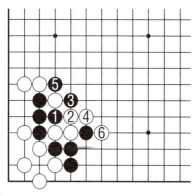

图 3　失败

黑1打吃缺少计算,以下进行至黑5,黑棋虽可吃住白一子,但白6打吃后,下边黑四子不好活动。

问题 70 解说

图 1 正解

黑 1 靠，将白棋关住，以下进行至黑 5，可以达到目的。

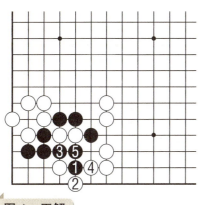

图 2 参考

黑 1 打吃，虽然也可以吃住白二子，但黑棋不满。其原因是黑 3 以后，白 A 封是绝对先手，黑棋须在 B 位补活。此外白棋可根据情况于 B 位搜根，攻击黑棋大龙。

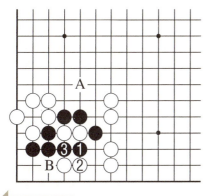

图 3 失败

黑 1、3 打，至白 4，伤及中腹的黑棋，以后黑棋还须在 A 位做活。

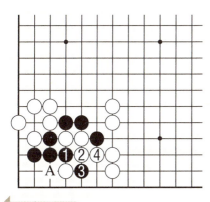

问题 71

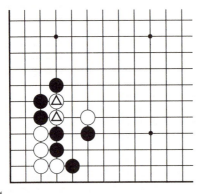

问题图

黑先。被白△二子分断的两块黑棋如何连接？如对棋形比较了解，可以本能地发现正解所在。那么请问黑棋应如何下？

问题 72

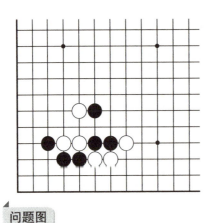

问题图

黑先。本题与前面的问题相似，仍是考察如何联络。如能掌握前面问题的原理，解决本题并不困难。那么请问黑棋应如何下？

问题71解说

图1 正解

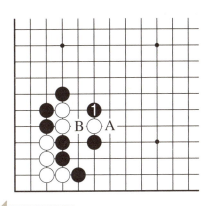

图1 正解

黑1夹是手筋，以后白A时，黑B应，而白B时，黑A应。

图2 失败1

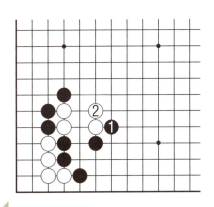

图2 失败1

黑1扳是失败下法，白2长后，白棋非常坚厚。

图3 失败2

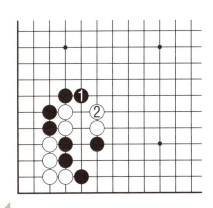

图3 失败2

黑1长时，白2双，黑棋同样失败。

问题 72 解说

图 1　正解

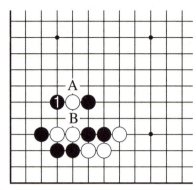

图 1　正解

黑 1 夹，可以确保联络，以后白 A 时，黑 B 应；而白 B 时，黑 A 应。

图 2　失败 1

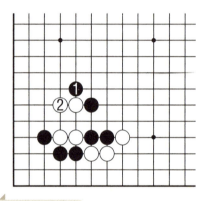

图 2　失败 1

黑 1 扳，白 2 长，黑棋是在帮白棋走厚。

图 3　失败 2

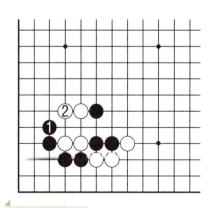

图 3　失败 2

黑 1 挺头时，白 2 双，黑棋永远无法联络。

问题 73

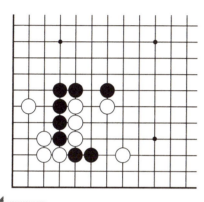

问题图

黑先。本题是有关黑棋上下联络的问题。本题的棋形虽然多少有点复杂，但如能正确掌握原理，不难解决问题。那么请问黑棋应如何下？

问题 74

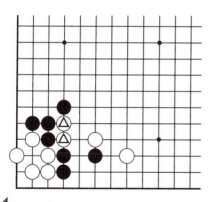

问题图

黑先。白△二子正断在两块黑棋的要害之处，黑棋如果要联络，只有吃住白△二子。那么请问黑棋应如何下？

问题 73 解说

图 1 正解

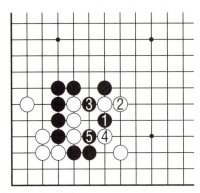

图 1 正解

黑 1 夹，是攻击白棋薄弱环节的手段。白 2 时，黑 3、5 可以将白三子吃掉。

图 2 变化 1

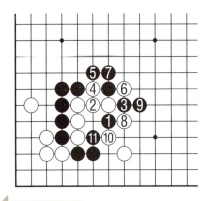

图 2 变化 1

黑 1 时，白 2 如果连接，黑 3 可以挡住，其后白 4 至白 10 进行挣扎，但黑 11 可以形成倒扑。

图 3 变化 2

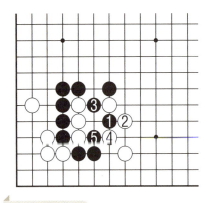

图 3 变化 2

黑 1 时，白 2 进行抵抗，但以下进行至黑 5，白棋的努力白费。因此黑 1 后，白棋的任何反击都不行。

问题 74 解说

图 1 正解

黑 1 夹是解决问题的手筋，其后白 2 时，黑 3 可以吃住白二子。

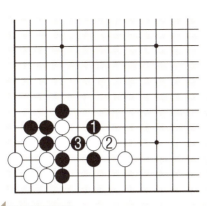

图 1 正解

图 2 变化

黑 1 夹时，白 2 连接不能成立，黑 3 挡后，白棋损失更大。

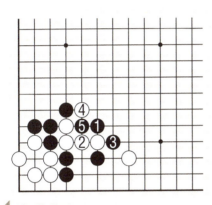

图 2 变化

图 3 失败

黑 1 扳，白 2 双，黑棋已吃不住白二子。

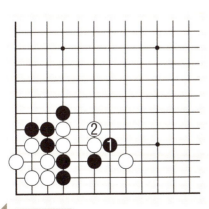

图 3 失败

问题 75

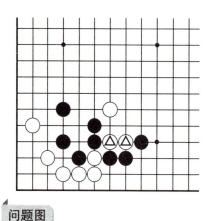

问题图

黑先。本题中的白子在配置上虽然对黑棋来说有点别扭，但解决问题的方法并没有多大区别。那么请问黑棋吃住白△二子的手筋是什么？

问题 76

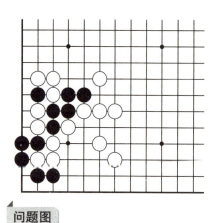

问题图

黑先。本题有一定难度，需要敏锐的感觉。那么请问黑棋联络的手筋是什么？

问题 75 解说

图1 正解

黑1靠，即可达到目的，以后的详细进行见图2。

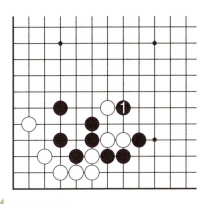

图1 正解

图2 正解继续

黑▲时，白1接进行抵抗，但以下进行至黑8，白棋已无逃路。

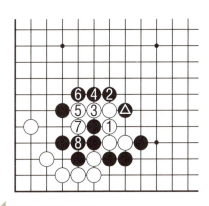

图2 正解继续

图3 失败

黑1、3冲断不行。至白4，黑棋不仅吃不住白棋，而且自己下边反而很危险。

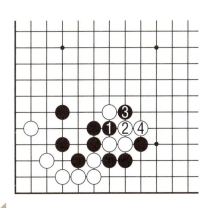

图3 失败

问题 76 解说

图 1　正解

黑1靠，白2必须连接，结果黑3可以吃住白三子。黑1时，白棋如果在A位长，黑B挡即可解决问题。

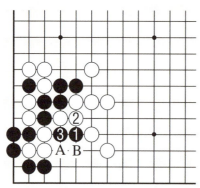

图 1　正解

图 2　失败 1

黑1断不能如意，白2顽强抵抗，以下至白6是必然的次序，但白棋先提劫。

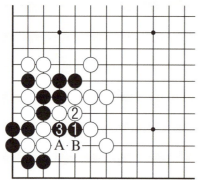

图 2　失败 1　⑥=△

图 3　失败 2

黑1双打是最差的下法，以下至白4，黑棋明显失败。其中黑1如果下在2位打吃，白棋在1位连接，黑棋仍然失败。

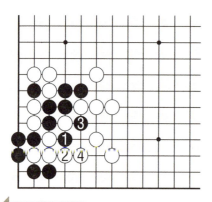

图 3　失败 2

问题 77

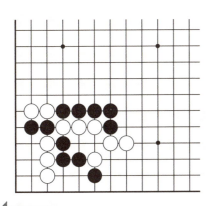

问题图

黑先。左边的黑二子目前并非没有生命力，黑棋如果能发现一手妙棋，完全可以将三块黑棋连成一体。那么请问黑棋应如何下？本题是最基本的手筋问题。

问题 78

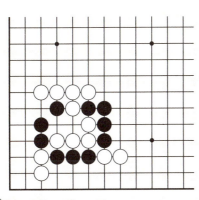

问题图

黑先。如能顺利解答前面的问题，也能轻松地解决本题。那么请问黑棋的手筋是什么？

问题 77 解说

图 1 正解

黑 1 扑是手筋，有了这手棋，即可吃住白△三子，并救活左边的黑二子。

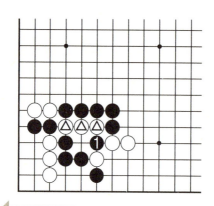

图 1 正解

图 2 正解继续

白 1 如果提子，黑棋则可在△位反提白四子，这是倒扑的巧妙之处。

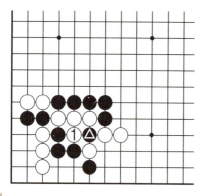

图 2 正解继续　❷ = △

图 3 失败

黑 1 打吃是大恶手，白 2 连接后，黑棋只能举手投降。

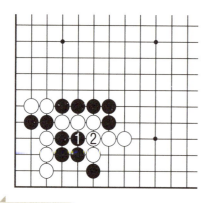

图 3 失败

问题78 解说

图1 正解

黑1扑，可以吃掉白四子。

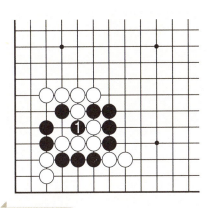

图1 正解

图2 正解继续

其后白1如果提子，黑棋则可在▲处反提白五子。因此白棋不应立即在此落子，而应将此留作劫材。

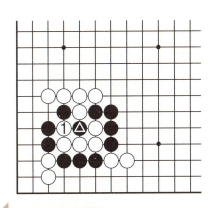

图2 正解继续 ②=▲

图3 失败

黑1是大恶手，白2连接后，左边的黑棋失去了生命力。

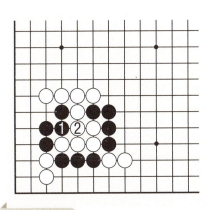

图3 失败

问题 79

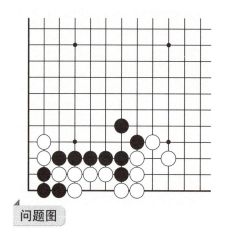

问题图

黑先。黑棋如果认为角上三子已不能活,那说明其水平仍停留在较低的水平上。黑棋只要看出一手妙棋,完全可以救活角上数子。那么请问黑棋应如何下?

问题 80

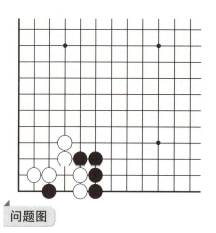

问题图

黑先。左下角目前仍未完全成为白空,黑棋仍有攻击白棋的方法。那么请问黑棋应如何下?

问题 79 解说

图 1 正解

黑 1 扑是手筋，吃住白三子，黑三子也就自然活棋。

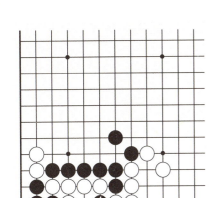

图 1 正解

图 2 正解继续

白 1 如果提黑❷一子，黑棋则可在❷位反提白棋。

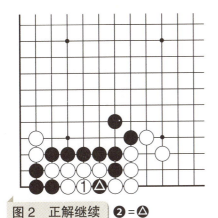

图 2 正解继续　❷=▲

图 3 失败

黑棋如果没有看出扑的手筋，而下黑 1，被白 2 提子后，黑棋已无任何手段。

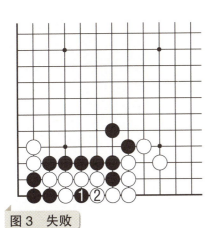

图 3 失败

问题 80 解说

图1 正解

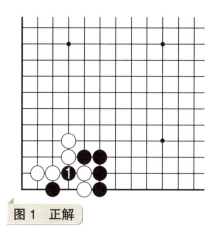

图1 正解

黑1扑，可吃住白二子。

图2 正解继续

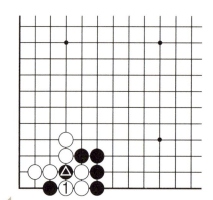

图2 正解继续 ❷=▲

黑▲时，白1提子是徒劳的，因为黑棋可在▲位反提白棋。

图3 失败

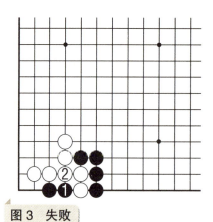

图3 失败

黑1打吃，白2连接后，黑棋没有达到目的。

问题 81

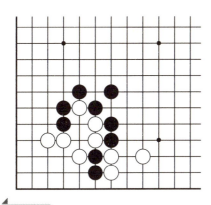

问题图

黑先。黑棋只有运用扑的手筋才能救出下边黑二子。黑棋如果急于提白一子,反而于事无益。那么请问黑棋应如何下?

问题 82

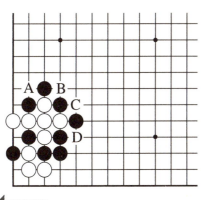

问题图

黑先。本题是黑棋如何吃白棋的大块。由于黑棋有A、B、C、D的多处断点,因此无暇顾及补棋。那么请问黑棋应如何下?

问题 81 解说

图 1 正解

黑 1 扑是解决问题的手筋，由此可以救活下边二子。

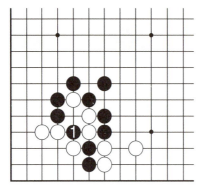

图 1 正解

图 2 正解继续

白 1 如果提黑 ▲ 一子，黑棋可在 ▲ 位反提白棋。

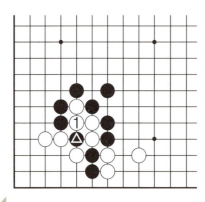

图 2 正解继续 ❷ = ▲

图 3 失败

黑 1 提白棋一子操之过急，白 2 连接后，黑棋再也救不活下边二子。

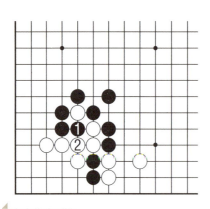

图 3 失败

问题 82 解说

图 1　正解

黑1打吃即可解决问题，其后白2提黑△子，黑棋可在△位反提白棋。

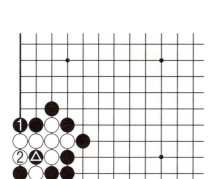

图1　正解　=△

图 2　失败 1

黑1连接是不知形势紧迫的缓慢下法，白2以下至白6，黑棋失败。

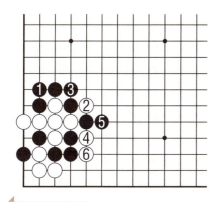

图2　失败1

图 3　失败 2

黑1连接过于荒唐，白2提子后，黑棋明显失败。

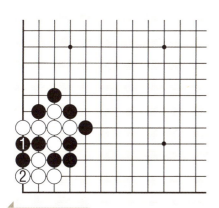

图3　失败2

问题 83 ▶▶

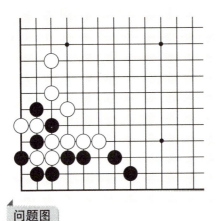

问题图

黑先。左边的白棋阵中仍有棋，如能掌握前一问题的原理，就不难解决本题。那么请问黑棋应如何下？

问题 84 ▶▶

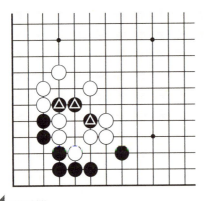

问题图

黑先。由于周边的白棋犹如墙壁一样，黑棋可能认为数▲子应该放弃，但实际上这是黑棋的错觉。那么请问黑棋如何救活处于困境的黑▲三子？

问题83解说

图1 正解

黑1打吃以期利用倒扑，是黑棋解决问题的手筋。

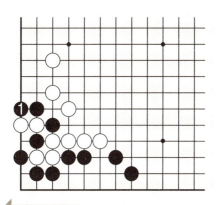

图1 正解

图2 正解继续

白1提子，黑棋则可在△位反提白棋，因此白1不应下，而应保留作为劫材。

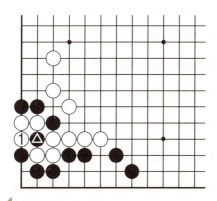

图2 正解继续 ❷=△

图3 失败

黑1连接时，白2提子，黑3再打吃时，白棋可在△位连接，黑棋失败。

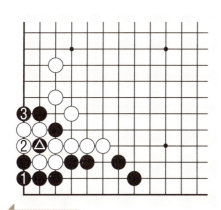

图3 失败 ④=△

问题84 解说

图1 正解

黑1扑，就可以吃住白二子，由此也可使中间的黑三子与下边黑棋联络。

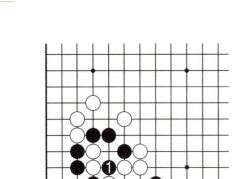

图1 正解

图2 正解继续

白1提子，黑棋则可在▲位反提白棋。

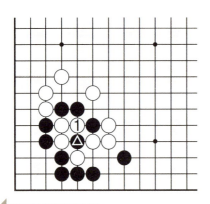

图2 正解继续 ❷=▲

图3 失败

黑1时，白2连接，黑棋失败。黑棋的这种下法是极不负责任的。

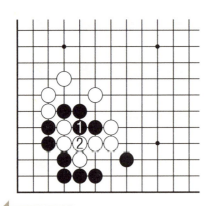

图3 失败

问题 85

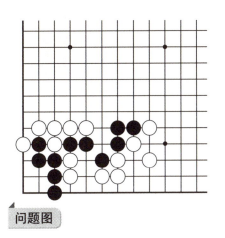

问题图

黑先。本题的问题是黑棋如何救活角上的黑子。黑棋本身不能活，只有通过攻击白棋的弱点才行。那么请问黑棋应如何下？

问题 86

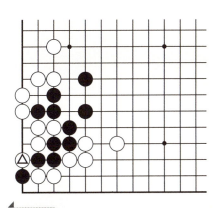

问题图

黑先。黑棋在左边仍有棋可下，但黑棋如果仅仅满足于提去白△一子是不充分的，应谋求取得更大的利益。那么请问黑棋应如何下？

问题85 解说

图1 正解

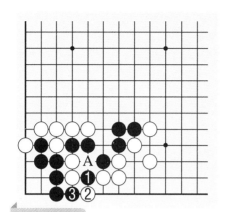

图1 正解

黑1挖是解决问题的手筋,白2时,黑3吃倒包,此后白A提子时,黑可在1位反提。

图2 失败1

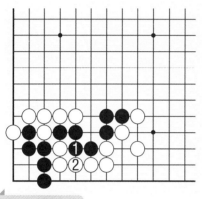

图2 失败1

黑1是大恶手,白2连接后,黑棋已无任何手段。

图3 失败2

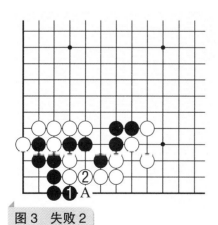

图3 失败2

黑1时,白2连接,黑棋失败。白2如果下在A位则是重大失误,黑可在2位扑,还原为正解。

问题86解说

图1 正解

黑1扑,白2时,黑3则可提白三子。

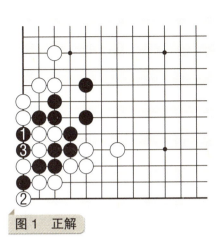
图1 正解

图2 变化

黑1时,白2提子不能成立,其后黑3可在1位反提白五子。

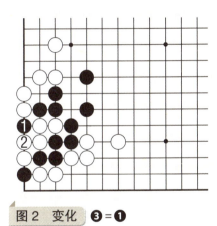
图2 变化 ❸=❶

图3 失败

黑1提白一子,白2可以连接。黑棋如果仅仅满足这种下法,将很难提高棋力。

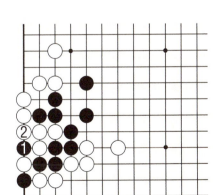
图3 失败

问题 87

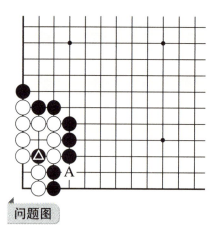

问题图

黑先。黑棋存在 A 位的断点，如果只顾补断则很难解决问题。在本题中，能否巧妙利用黑▲子是关键。那么请问黑棋应如何下？

问题 88

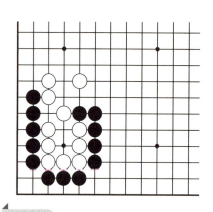

问题图

黑先。黑棋如能正确攻击中间的白棋，即可有所收获。那么请问黑棋应如何下？

问题 87 解说

图 1　正解

黑 1 双倒扑是充分利用黑▲一子的巧妙下法。白 2 如果提子，黑 3 可在▲位反提。

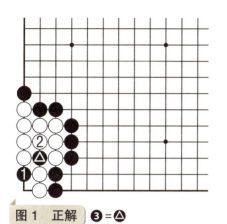

图 1　正解　❸ = ▲

图 2　变化

黑 1 时，白 2 如果提子，黑 3 可在 1 位反提白三子。

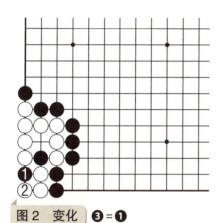

图 2　变化　❸ = ❶

图 3　失败

黑 1 急于补断点，白 2 连接后，白大龙已活。

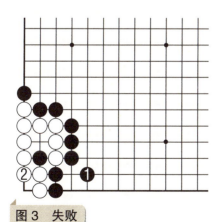

图 3　失败

问题88 解说

图1 正解

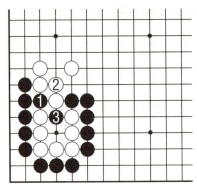

图1 正解

黑1挤入是攻击的手筋,白2连接时,黑3可以扑。其中白2如果下在3位,黑棋则可下在2位打吃。

图2 失败1

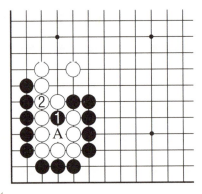

图2 失败1

黑1先扑次序错误,白2补棋,黑棋失败。黑1时,白棋如果在A位提子,则黑在2位挤打,将还原成正解的进行。

图3 失败2

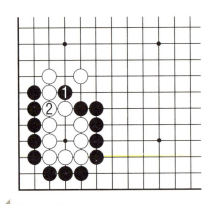

图3 失败2

黑1不得要领,白2补棋即可。

问题 89 ▶▶

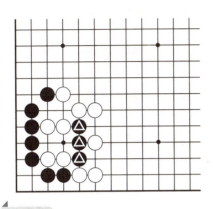

问题图

黑先。黑棋如何救活黑▲三子？黑棋要想出头已不可能，只有与左侧的黑棋谋求联络。那么请问黑棋应如何下？

问题 90 ▶▶

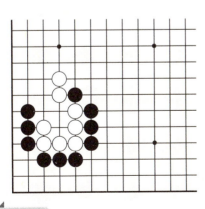

问题图

黑先。中间的白棋棋形有缺陷，黑棋若能割下白棋的尾巴，自然能使黑增长不少目数。请问黑棋应如何下？

问题 89 解说

图 1　正解

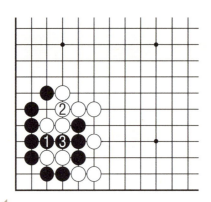

图1　正解

黑在1位或3位冲是正确下法，白2不得已连接，黑3可吃住白二子。

图 2　变化

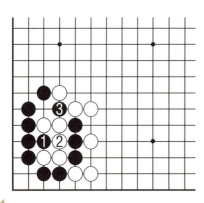

图2　变化

黑1时，白2连接不能成立，因为黑3可以倒扑白棋。

图 3　失败

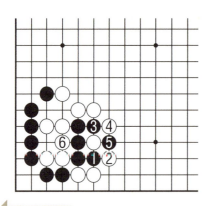

图3　失败

黑1以下谋求出头，但进行至白6，黑棋未获成功。

问题90 解说

图1 正解

黑1断是倒扑的出发点，正由于有了这手棋，黑棋可以吃掉中间的白棋。

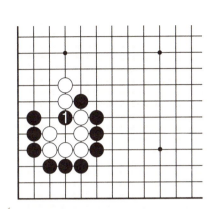

图1 正解

图2 正解继续

白1如果打吃黑▲一子，黑2则是准备好的手段。以后白A时，黑可在▲位反提。

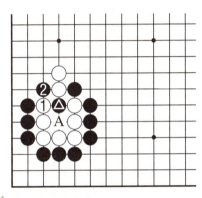

图2 正解继续

图3 失败

黑1是错误下法，白2连接后黑棋失败。

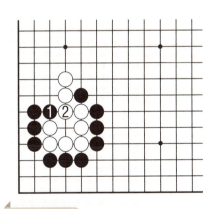

图3 失败

问题 91

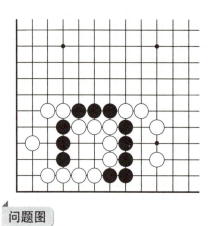

问题图

黑先。要把被分割成三块的黑棋全部联络起来,其方法只有吃住中间的白棋。那么请问黑棋应如何下?

问题 92

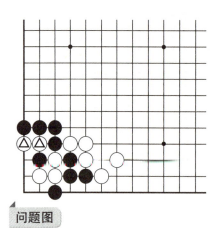

问题图

黑先。黑棋在本题中如果急于提掉被打吃的白⊿二子,反而会因小失大。黑棋不应受这一棋形的迷惑,而应谋求救活下侧黑四子的方法。那么请问黑棋应如何下?

问题91解说

图1 正解

黑1断是攻击白棋的唯一下法，也是解决问题的手筋，除此以外，别无他法。

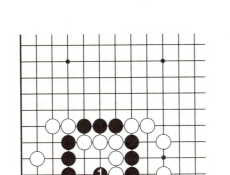

图1 正解

图2 正解继续

白1打吃时，黑2是要领，以后白A提子，黑棋可以在△位反提。

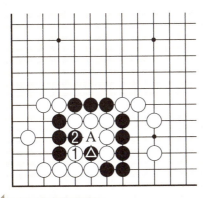

图2 正解继续

图3 失败

黑1是大恶手，白2连接后，黑棋明显失败。

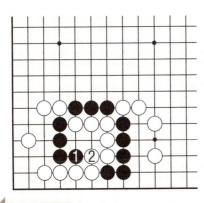

图3 失败

问题92 解说

图1 正解

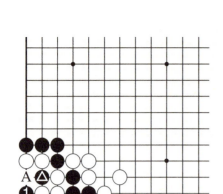

图1 正解

黑1扳是大家必须牢记的手筋,由于这手棋,白棋失去了抵抗力。以后白A提子,黑棋可以▲位反提。

图2 失败1

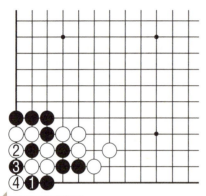

图2 失败1

黑1打吃,白2可以提子,至白4,双方必然下成打劫。本来可以无条件吃住白棋的,结果下成打劫,明显是黑棋失败。

图3 失败2

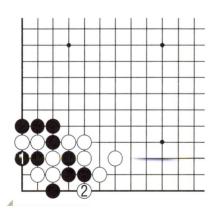

图3 失败2

黑1提白二子,无谋,白2打吃后,下边的黑四子已回天无力。

问题93

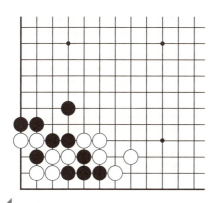

问题图

黑先。本题与前一问题相似，而解决问题的方法也相同。那么请问黑棋如何下才能救活下边四子？

问题94

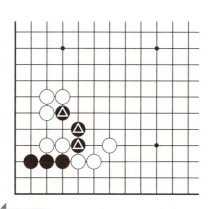

问题图

黑先。角上黑棋本身虽可做活，但黑棋不能仅仅满足于此，应寻求与中腹黑▲三子的联络方法。那么请问黑棋应如何下？

问题 93 解说

图 1　正解

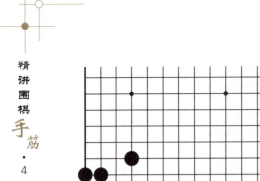

图 1　正解

黑 1 扳是手筋，可以利用倒扑吃住白棋二子，而白△四子也因为气短而自然死亡。

图 2　失败 1

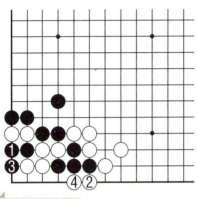

图 2　失败 1

黑 1 直接提白二子，至白 4，下边黑四子被白棋吃住。

图 3　失败 2

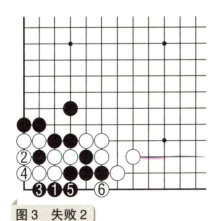

图 3　失败 2

黑 1 扳更坏，白 2 以下至白 6 进行后，白棋可以有眼杀无眼。

问题94 解说

图1 正解

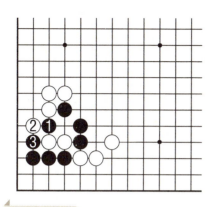

图1 正解

黑1挖是手筋,如能发现这一下法,证明对倒扑这一技术的掌握上了一个台阶。白2时,黑3断,即可解决问题。

图2 变化

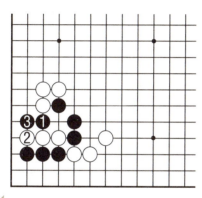

图2 变化

黑1时,白2长不能成立,至黑3,白棋损失更大。

图3 失败

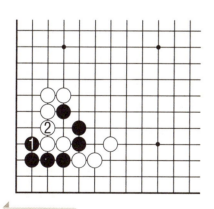

图3 失败

黑1拐头,角上黑棋虽可活,但白2连接之后,中间的黑棋成为无根的浮棋。

问题 95

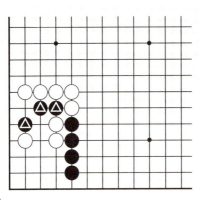

问题图

黑先。位于白棋包围中的黑△三子生死如何？这一问题对初学者来说多少有点难，但实战中却经常出现，故本题的手筋大家一定要牢记。那么请问黑棋应如何下？

问题 96

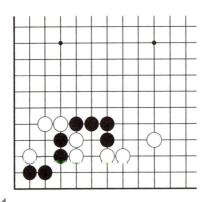

问题图

黑先。本题角上黑棋要做活是轻而易举的事情，但问题不在于此，而是考察如何使之与中腹的黑棋进行联络。那么请问黑棋应如何下？

问题 95 解说

图 1　正解

黑1挖是手筋，白2时，黑3断，可以利用倒扑吃住白棋。白2如下在A位，以下黑B、白C，可以说是白棋的最佳处理方式。

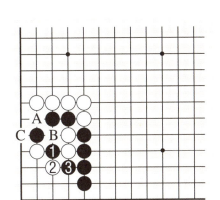

图 1　正解

图 2　变化

黑1挖时，白2抵抗不能成立，以下至黑5，白棋不行。

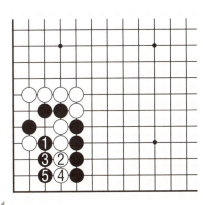

图 2　变化

图 3　失败

黑1俗手，白2连接后，黑棋明显失败。

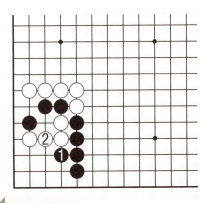

图 3　失败

问题96 解说

图1 正解

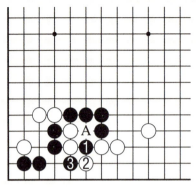

图1 正解

黑1挖极其严厉，白2时，黑3断，可以利用倒扑吃住白二子。黑棋如果不会倒扑，白2时，黑棋于A位连就太差了。

图2 变化

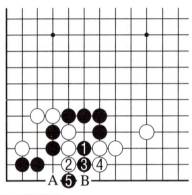

图2 变化

黑1时，白2如果进行抵抗，以下进行至黑5，白棋的损失更大。黑5以后，白A时，黑B应即可。

图3 失败

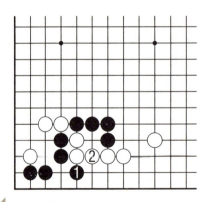

图3 失败

黑1时，白2连接，黑棋上下联络被切断。

问题 97

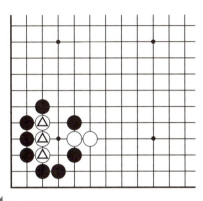

问题图

黑先。黑棋如何吃白⚠三子？本题的棋形比较简单，黑棋仅用一手棋就可解决问题。那么请问黑棋应如何下？

问题 98

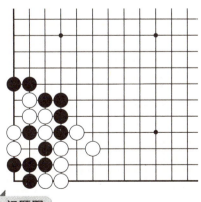

问题图

黑先。角上黑棋危在旦夕，请问黑棋如何下才能摆脱危机？

问题97解说

图1 正解

黑1挖是正确下法,白2应时,黑3挡即可解决问题。以后白A提子,黑棋可在1位反提。

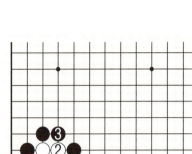

图1 正解

图2 变化

黑1挖时,白2如果扳,黑3只需连接,即可简单解决问题。

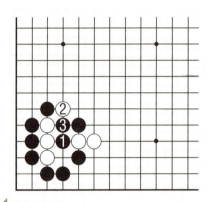

图2 变化

图3 失败

黑1俗手,白2连接,黑棋失败。

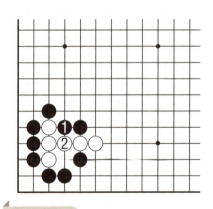

图3 失败

问题 98 解说

图 1 正解

黑 1 扑是处理目前困境的手筋。此后白 2 时,黑 3 可在 1 位反提。

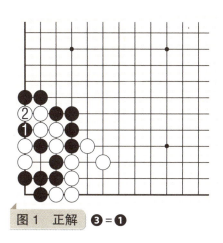

图 1 正解 ❸ = ❶

图 2 变化

黑 1 时,白 2 如提黑△子,黑 3 可在△位反提。

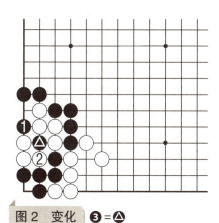

图 2 变化 ❸ = △

图 3 失败

黑 1 打吃,双方形势发生了大逆转。白 2 提子后,角上黑棋已回天无术。

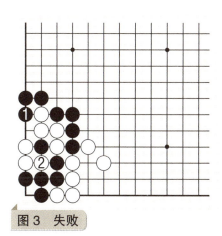

图 3 失败

问题 99

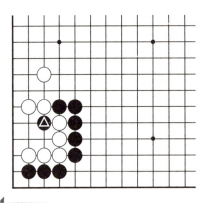

问题图

黑先。黑棋如要救出黑▲一子，其方法只有吃住白棋五子。那么请问黑棋应如何下？其中第一手棋是成败的关键。

问题 100

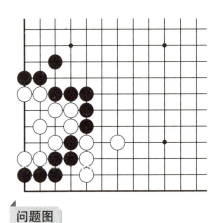

问题图

黑先。左边的白棋眼形丰富，很多人会错误认为已活透无疑。那么请问黑棋攻击白棋的手筋是什么？

问题99解说

图1 正解

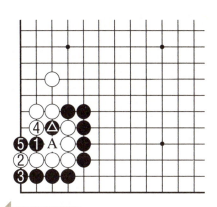

图1 正解

黑1尖是好棋，白2如果阻渡，黑3紧气，白4打吃，黑5应，以后白A提子时，黑棋可在△位反提。

图2 失败1

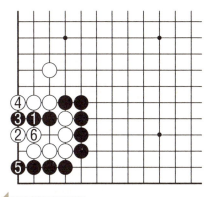

图2 失败1

黑1下立是错误的下法，白2应是好棋，黑3立，以下进行至白6，黑棋在作战中短一气。

图3 失败2

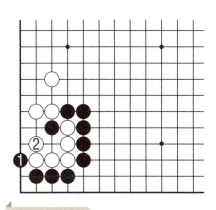

图3 失败2

黑1扳同样是失败的下法，白2弯极好，黑棋失败。

问题 100 解说

图 1 正解

黑 1 形成双倒扑是严厉的手筋。白 2 补一侧，黑 3 扑。

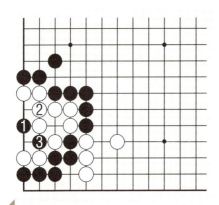

图 1 正解

图 2 变化

黑 1 时，白 2 如果连接，黑 3 仍可扑。黑 1 后，黑棋在 2 位和 3 位中必居其一。

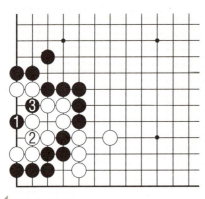

图 2 变化

图 3 失败

黑 1、3 的下法过于随手，白 2、4 补棋后，黑棋未占到任何便宜。

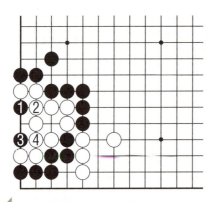

图 3 失败

问题 101

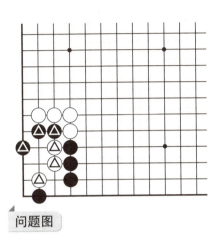

问题图

黑先。角上的黑△子与白△子相互处于纠缠状态，黑棋取得对攻胜利的出路只有一条，即在防守自己的同时攻击对方。那么请问黑棋应如何下？

问题 102

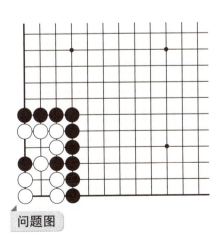

问题图

黑先。角上白棋可谓形势危急，黑棋如能正确攻击，可一举击垮白棋。倒扑的手筋在此处又发挥了极大的功用。那么请问黑棋应如何下？

问题 101 解说

图 1　正解

黑 1 紧气，是预防白 A 打吃，的好棋。白 2 如虎，黑 3 扑。

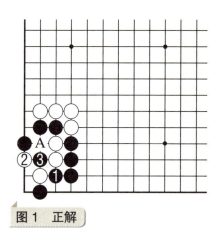

图 2　变化

黑 1 时，白 2 如果连接，黑 3 扳，白棋由于不入气，无法在 A 位打吃黑棋，黑棋同样成功。

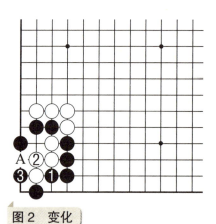

图 3　失败

黑 1 是俗手，白 2 时，黑 3 扳看似可行，但以下进行至白 6，结果双方下成打劫。其中黑 3 如果在 4 位渡过，白棋下在 3 位后，黑棋失败。

问题 102 解说

图 1　正解

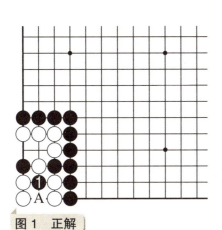

图 1　正解

黑 1 是置白棋于死地的急所，以后白 A 提子，黑棋则可在 1 位反提。

图 2　变化

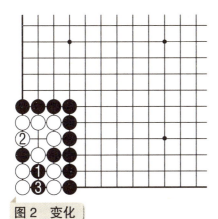

图 2　变化

黑 1 时，白 2 如果提一子，黑 3 提二子后，白棋无法做成两眼。

图 3　失败

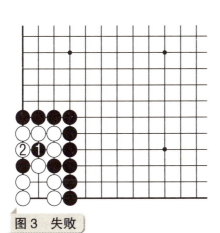

图 3　失败

黑 1 扑，白 2 一下子可以提去二子，黑棋失败。

问题 103

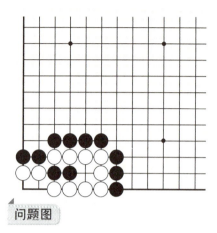

问题图

黑先。很多人或许会误认为角上白棋已经完活，但经过仔细分析，白棋还存在着盲点。那么请问黑棋应如何下？

问题 104

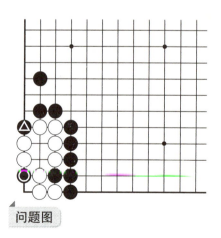

问题图

黑先。如果断言角上白棋活干净了，还为时过早。黑棋如能正确利用黑▲和黑●子，完全可以置白棋于死地。那么请问黑棋应如何下？

问题 103 解说

图 1 正解

黑 1 后，角上白棋即无生存的希望。以后白 A 提子，黑棋可于 1 位反提。

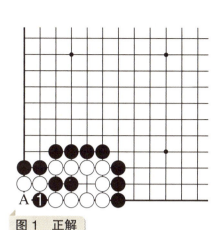

图 1 正解

图 2 变化

黑 1 时，白 2 如果提子，黑棋可于 ▲ 位再扑，白棋无论是下在 A 位还是下在 ◉ 位，黑棋都可以反提白棋。

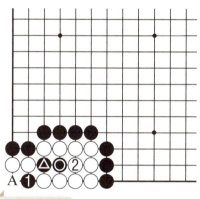

图 2 变化 ❸ = ▲

图 3 失败

黑 1 顾虑自身断点而补棋，白 2 连接后，黑棋失败。其中白棋下在 2 位比下在 A 位在劫材上有利。

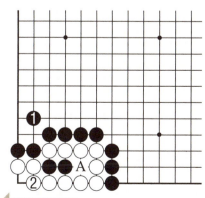

图 3 失败

问题 104 解说

图1 正解

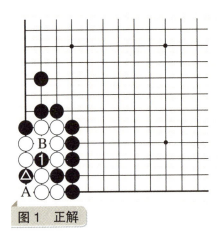

黑1是解决问题的手筋,其后白A时,黑棋于△位反提,若白B时,黑棋则于1位反提。

图2 变化

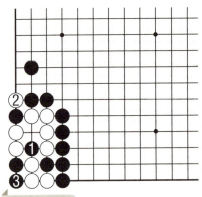

黑1时,白2如果提子,黑3提子后,白棋无法活。

图3 失败

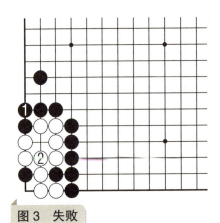

黑棋如果过于顾忌到一子,而黑1连接,则白2连接之后,白棋已经活净。

问题 105

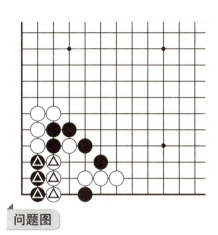

问题图

黑先。黑棋如果认为角上黑⚠三子已成死棋,那将大错特错。黑棋可以利用倒扑的手筋吃住白⚠三子,从而生还。那么请问黑棋应如何下?

问题 106

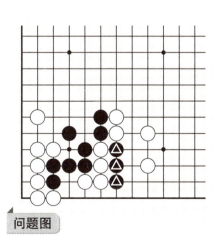

问题图

黑先。下边白棋的联络有毛病,黑棋可以通过攻击白棋而挽救黑⚠三子。黑棋如能发现第一手棋,其后的进行则比较顺利。那么请问黑棋应如何下?

问题 105 解说

图 1　正解

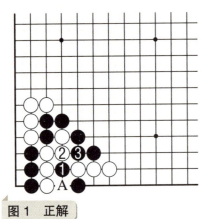

图 1　正解

黑 1 挖是解决问题的手筋，白 2 应时，黑 3 紧气，其后白 A 提子时，黑棋可在 1 位反提。

图 2　变化

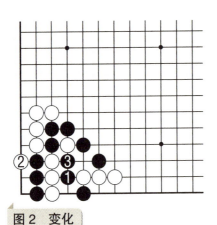

图 2　变化

黑 1 时，白 2 如果紧气，则黑 3 紧气后，黑棋在对攻中快一气。

图 3　失败

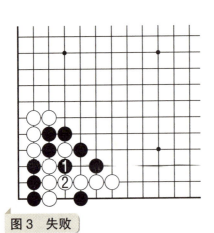

图 3　失败

黑 1 直接提白一子是不负责任的下法，白 2 连接后，角上黑棋已无生还的希望。

问题 106 解说

图 1　正解

黑 1 扳是解决问题的关键，白 2 切断时，黑 3 打吃，白 A 提子，黑棋可于 1 位反提。

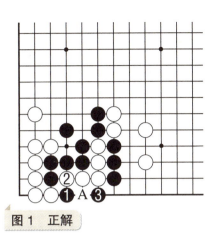

图 1　正解

图 2　失败 1

黑 1、白 2 时，黑 3 是错误下法，以下进行至白 8，黑棋没有取得任何成果。

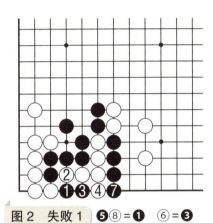

图 2　失败 1　❺⑧=❶　⑥=❸

图 3　失败 2

黑 1 从外侧扳是错误的下法，白 2 应稳健，黑棋已无棋可下。期望白 2 下在 A 位是不现实的。

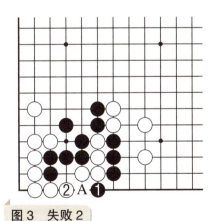

图 3　失败 2

问题 107

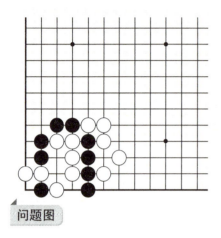

问题图

黑先。本题看似是白棋有眼杀黑棋无眼的棋形，但黑棋却有一举扭转形势的手筋。那么请问黑棋应如何下？

问题 108

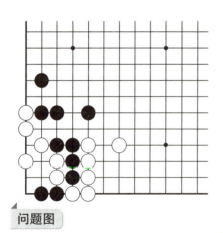

问题图

黑先。黑棋如何吃住角上白棋？黑棋应首先找到急所，其后可以有眼杀白棋无眼。那么请问黑棋应如何下？

问题 107 解说

图 1　正解

黑 1 扑是解决问题的核心，白 2 提子时，黑 3、5 连打，黑棋在对攻中取胜。

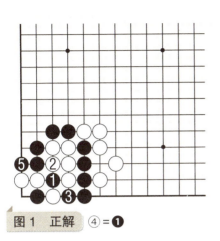

图 1　正解　

图 2　变化

黑 1 时，白 2 如果提子，黑 3 则可以吃白棋接不归。其中黑 3 下在 A 位，也可以利用倒扑吃住白棋。

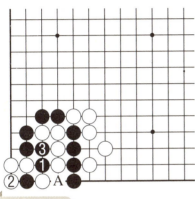

图 2　变化

图 3　失败

黑 1 俗手，白 2 连接，黑棋已无任何手段。

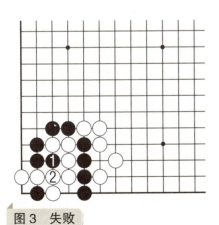

图 3　失败

问题 108 解说

图 1　正解

黑 1 尖是正确的下法，瞄着在 2 位倒扑，白 2 应时，黑 3 卡眼，结果可以有眼杀无眼。

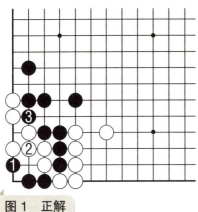

图 1　正解

图 2　失败 1

黑 1、白 2 时，黑 3 紧气错误，白 4 圆眼后，双方下成双活。

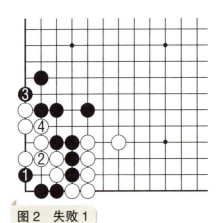

图 2　失败 1

图 3　失败 2

黑 1 紧气是俗手，白 2 连接后，黑棋无对策。

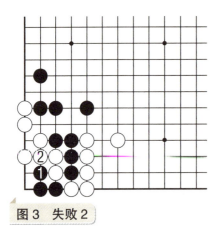

图 3　失败 2

问题 109

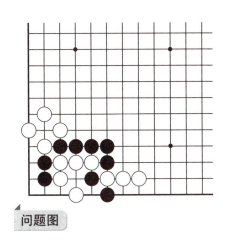

问题图

黑先。黑棋如何利用下侧白棋的弱点以救活角上黑二子？第一手棋是成败的关键。请问黑棋应如何下？

问题 110

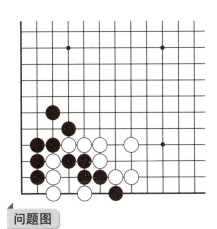

问题图

黑先。如果直接出动白包围圈中的黑棋，会适得其反。黑棋从外侧动手，倒可以出奇制胜。那么请问黑棋应如何下？

问题 109 解说

图 1 正解

黑 1 下立是稳健的下法，白 2 打吃黑 ▲ 一子，黑 3 打吃白棋四子，以后白 A 时，黑棋可以在 ▲ 位反提。

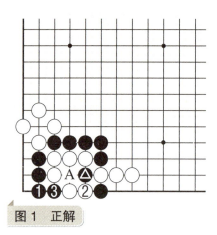

图 1 正解

图 2 变化

黑 1 时，白 2 如果紧气，黑 3 打吃即可解决问题。

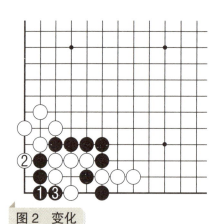

图 2 变化

图 3 失败

黑 1 连接是自杀行为，其后白棋即使不应，黑棋也奈何不了白棋。这是黑棋的最坏选择。

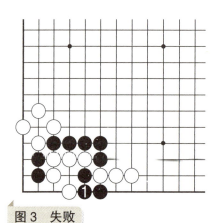

图 3 失败

问题 110 解说

图 1 正解

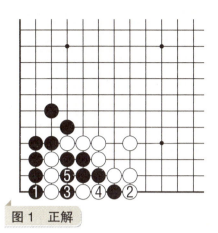

图 1 正解

黑 1 从外侧开始紧气是稳健的好棋，白 2 应也算最佳下法，黑 3 即可倒扑白棋。白 4 如果提子，黑 5 可提白三子。

图 2 变化

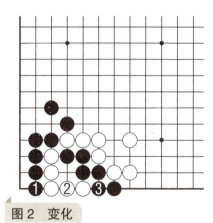

图 2 变化

黑 1 时，白 2 连接不能成立，黑 3 连接后，白棋的损失更大。

图 3 失败

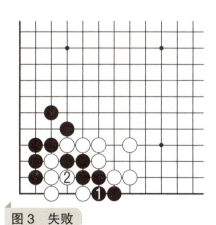

图 3 失败

黑 1 连接是错误下法，白 2 顽强抵抗，结果双方必然下成打劫。

问题 111

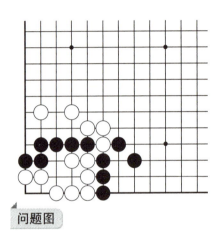

问题图

黑先。黑棋如何攻击对方的弱点，以将角上白棋一网打尽？第一手棋是成败的关键。那么请问黑棋应如何下？

问题 112

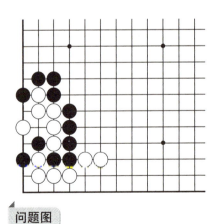

问题图

黑先。对棋形较熟的人一眼就可看出左边白棋的弱点。请问黑棋应如何攻击白棋？

问题 111 解说

图 1 正解

黑 1 扳入是巧妙的一手，由于有了这手棋，可以确保黑棋取胜。白 2 断打时，黑 3 可以双倒扑。

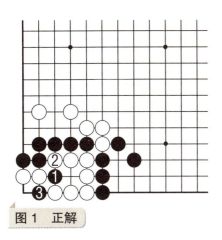

图 1 正解

图 2 失败 1

黑 1 是错误下法，白 2 连接之后，白棋已确保两眼。

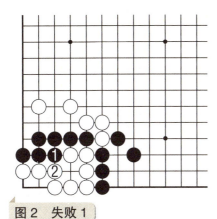

图 2 失败 1

图 3 失败 2

黑 1 先扑次序错误，白 2 是好棋，黑棋对白棋毫无办法。但白 2 如果下在 A 位，黑棋下在 2 位，又还原成正解的进行。

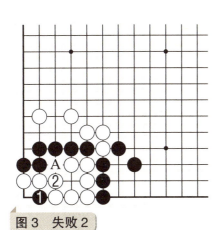

图 3 失败 2

问题 112 解说

图 1 正解

黑 1 首先连接，为以后倒扑做准备。其后白 2 时，黑 3 是决定性一击。

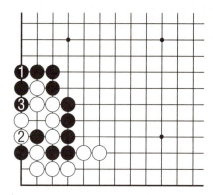

图 1 正解

图 2 变化

黑 1 时，白 2 如欲进行反击，黑 3 后，白损失更大。以后白 A 提子于事无补。

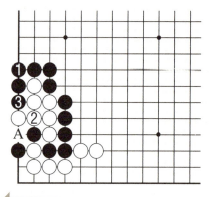

图 2 变化

图 3 失败

黑 1 连接是典型的俗手，白棋尽可脱先在其他地方下棋。

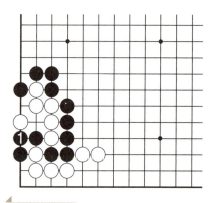

图 3 失败

问题 113

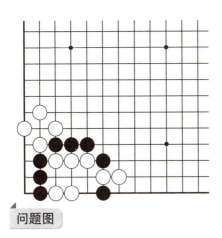

问题图

黑先。如何救活角上黑三子是黑棋面临的问题，为此可以忍受外侧的某些损失。那么请问黑棋应如何下？

问题 114

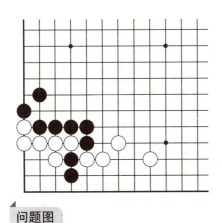

问题图

黑先。黑棋如何利用角的特殊性吃住白棋？黑棋如果下得不好，很容易下成有眼杀无眼的形势。第一手棋是一种感觉，其后的进行非常重要。那么请问黑棋应如何下？

问题 113 解说

图 1　正解

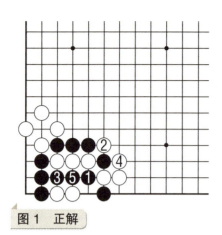

图 1　正解

黑 1 断，是黑棋走向活棋的信号弹。白 2 应也是最佳下法，黑 3、5 后，黑棋虽牺牲一子，但角上黑棋可以活。

图 2　变化

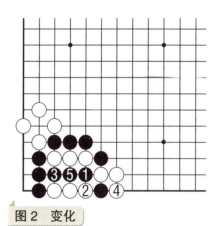

图 2　变化

黑 1 时，白 2 应，黑棋非常欢迎。以下进行至黑 5，黑棋可以吃住中央的三子，黑棋自然可活。其中黑 3 时，白棋不能下在 5 位。

图 3　失败

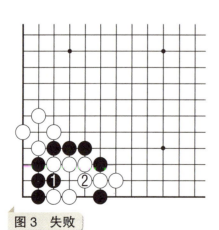

图 3　失败

黑 1 是缺乏思考的下法，白 2 是冷静的好棋，黑棋失败。

问题114 解说

图1 正解

黑1拐头是当然下法，白2应也是绝对的一手，黑3夹是利用角的特殊性的严厉手筋，以后白A时，黑B可以倒扑；而白B时，黑A应即可。

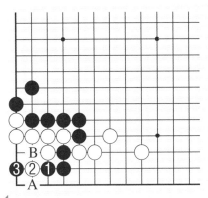
图1 正解

图2 失败1

黑1、白2时，黑3打吃不能成立，下至白8，白棋有眼杀黑棋无眼。

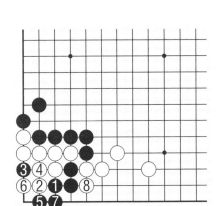
图2 失败1

图3 失败2

黑1跳入，白2冲，以下进行至白10，结果双方下成双活。

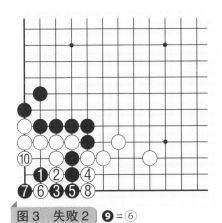
图3 失败2　❾=⑥

问题 115

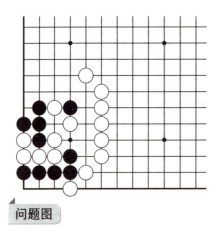

问题图

黑先。黑白双方处于相互交错的复杂棋形中,黑棋可以通过攻击白棋而挽救自身。但黑棋如果仅靠平常的手段则不能成功。那么请问黑棋应如何下?

问题 116

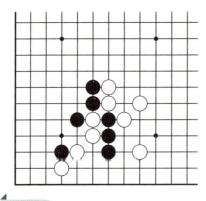

问题图

黑先。本题是实战中经常出现的棋形,问题在于黑棋如何救活被白棋围困的黑三子。那么请问黑棋应如何下?

问题 115 解说

图 1 正解

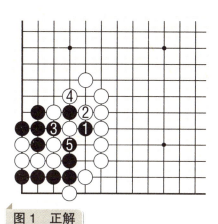

图 1 正解

黑 1 扳是极其锐利的手筋，白 2 如果打吃，黑 3 打吃后，即可以吃住白五子。

图 2 变化

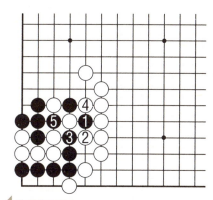

图 2 变化

黑 1 时，白 2 换方向打吃同样不能摆脱危机，黑 3、5 即可吃住白五子。

图 3 失败

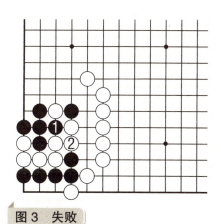

图 3 失败

黑 1 打吃是俗手，白 2 连接后，黑棋失败。其中黑 1 如果下在 2 位，白棋于 1 位接，黑棋亦失败。

问题 116 解说

图 1 正解

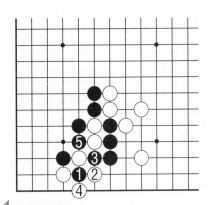

图 1 正解

黑 1 断是手筋，如能发现这手棋，则说明至少已具备中级水平。白 2 时，黑 3、5 可以吃住白二子，从而救活黑三子。

图 2 变化

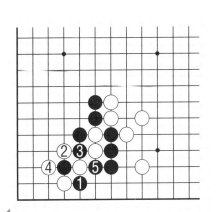

图 2 变化

黑 1 断时，白 2 如果进行抵抗，黑 3 时，白 4 不得已提子，黑 5 仍可提白二子。由此可见黑 1 断的成功。

图 3 失败

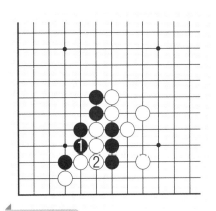

图 3 失败

黑 1 打吃是俗手，白 2 连接后，黑棋无后续手段。其中黑 1 如果下在 2 位打吃，白棋在 1 位连接后，黑棋同样失败。

问题 117

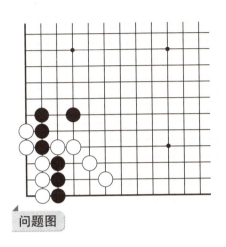

问题图

黑先。黑棋如要救活下边的黑三子，必须吃掉角上白棋。但黑棋仅单纯地紧气，肯定不能成功。那么请问黑棋应如何下？

问题 118

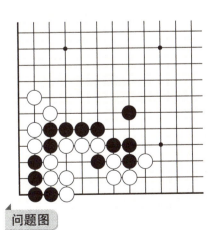

问题图

黑先。黑棋能否救活角上黑棋是本题关键。那么请问黑棋应如何下？

问题 117 解说

图 1　正解

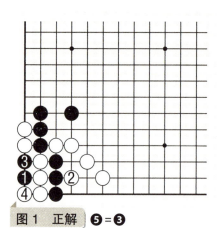

图 1　正解　❺=❸

黑1点是攻击急所，白2时，黑3扑，黑棋可以吃住角上白棋。

图 2　失败 1

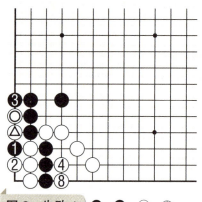

图 2　失败 1　❺=❶　⑥=△
　　　　　　　❼=◯

黑1扑是错误的下法，以下进行至白8是必然的次序，黑三子已不可能生还。

图 3　失败 2

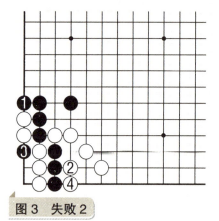

图 3　失败 2

黑1从外面紧气过于固执，以下进行至白4，黑棋明显失败。

问题 118 解说

图 1　正解

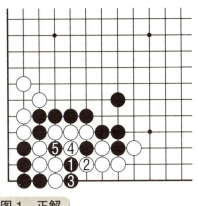

图 1　正解

黑1尖是手筋，白2时，黑3是非常重要的次序，至黑5，黑棋可以吃掉白四子，从而救活角上黑子。

图 2　失败 1

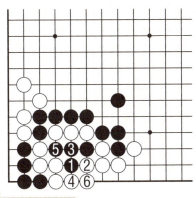

图 2　失败 1

黑1、白2时，黑3连接不好，白棋可以不在5位连接，而白4、6应，结果黑棋虽吃住白三子，但角上黑棋却不能活。

图 3　失败 2

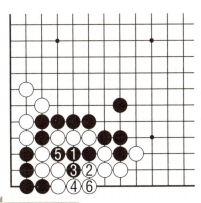

图 3　失败 2

黑1长错误，白棋可不在5位连接，而直接白2至白6应对，行棋的次序虽有变化，但结果与图2相同。

问题 119

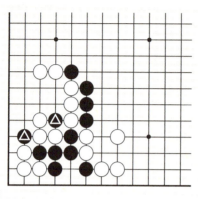

问题图

黑先。如何救活下边的黑棋是本题的问题。黑棋由于形势十分危急，容不得有半点喘息的时间。那么请问黑棋应如何最大限度地发挥左边黑▲子的作用？

问题 120

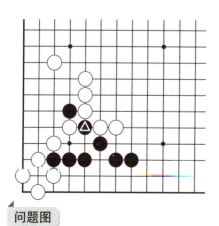

问题图

黑先。黑棋在本题中应尽可能拓宽自己的思考范围，以期在左边白阵中出棋。黑棋在思考问题时，不要太受黑▲一子的影响。那么请问黑棋应如何下？

问题 119 解说

图 1 正解

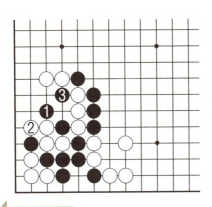

图 1 正解

黑 1 扳打是救活下边黑棋的唯一方法，白 2 必须打吃，黑 3 可以利用倒扑吃住白三子。

图 2 变化

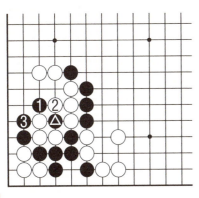

图 2 变化

黑 1 时，白 2 提子，黑 3 打后，白棋更坏。其后白棋由于不能在 ▲ 位连接，结果白棋的左边土崩瓦解。

图 3 失败

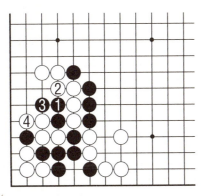

图 3 失败

黑 1 直接出动一子，白 2 连接后，黑棋毫无收获。其后黑 3 时，白 4 应即可。

问题 120 解说

图 1 正解

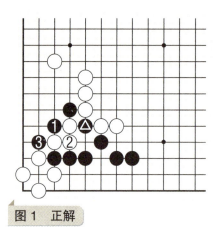

图 1 正解

黑棋不受黑△一子过多影响,黑1打吃是正确的,其后白2如果连接,黑3可以利用倒扑吃住白三子。

图 2 变化

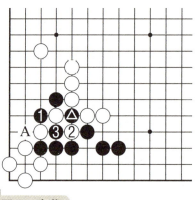

图 2 变化

黑1时,白2如果提子,黑3则是准备好的手段,以后黑棋A位、△位必得其一。

图 3 失败

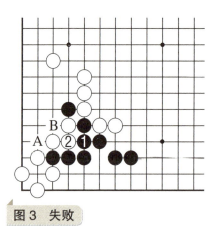

图 3 失败

黑1连接是没有意义的下法,白2补棋后,左边将全部变成白空。以后黑A时,白B即可。

问题 121

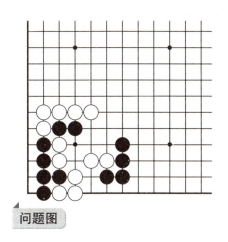

问题图

黑先。黑棋如能正确攻击下侧的白棋,即可以救活角上黑棋。如果白棋下无理棋,黑棋的收获将更大。那么请问黑棋应如何下?

问题 122

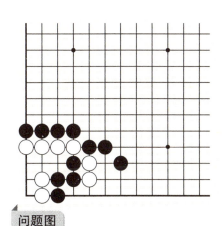

问题图

黑先。黑白双方围绕角地展开了争夺,问题是黑棋如何寻找手筋,以将白棋一网打尽。请问黑棋应如何下?

问题 121 解说

图 1 正解

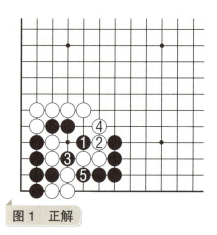

图 1 正解

黑 1 尖是非常痛快的一着棋，白 2 不得已后退，黑 3 则可利用倒扑吃住白二子。至黑 5，右边黑棋也得以联络。

图 2 变化

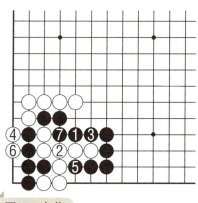

图 2 变化

黑 1 时，白 2 进行抵抗是过于贪心的下法，黑 3 以下进行至黑 7，黑棋可以吃住白棋整条大龙。

图 3 失败

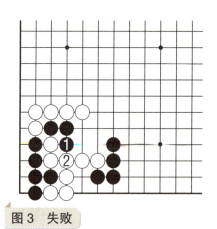

图 3 失败

黑 1 打吃是大恶手，白 2 连接后，中间黑三子已不能逃脱，角上五子也自然死亡。

问题 122 解说

图 1 正解

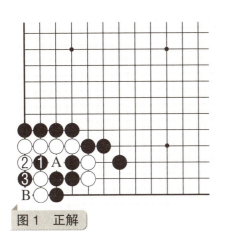

图 1 正解

黑 1 挖是第一手棋，白 2 时，黑 3 扑是取胜的宣言。以后白 A 时，黑棋在 1 位反提；白 B 时，黑棋在 3 位反提。

图 2 变化

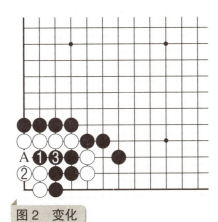

图 2 变化

黑 1 时，白 2 弯，黑 3 连接，白棋不能在 A 位连接。

图 3 失败

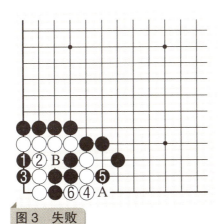

图 3 失败

黑 1 过于轻率，白 2、4 进行后，黑棋明显失败。不过白 2 如果下在 3 位，黑棋下在 5 位，白棋下在 4 位，黑下 A 位后，白棋将出问题。因为白棋此时在 B 位和 6 位都不能入气。

问题 123

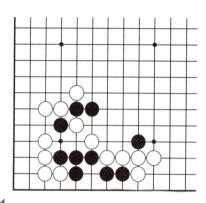

问题图

黑先。下侧黑棋并非已经死掉,但其本身并不能做活,只有采用非常手段与外侧的黑棋取得联络才行。那么请问黑棋应如何下?

问题 123 解说

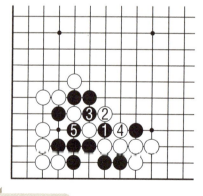

图 1 正解

图 1 正解

黑 1 断是谋求上下联络的第一步,白 2 时,黑 3、5 可以成功联络。黑 3 时,白棋不能在 5 位连接,正是由于黑 1 断发生的作用。

图2 变化

黑1时，白2如果进行抵抗，以下进行至黑5，黑棋同样可以联络。

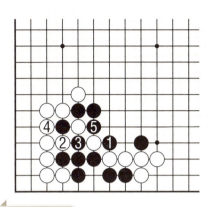

图2 变化

图3 失败

黑1打吃是俗手，白2连接后，黑棋错过了时机。以后黑A时，白B应，而黑B时，白A应，总之黑棋均不能成功。

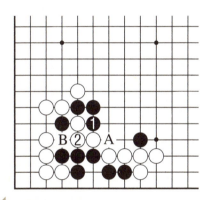

图3 失败

曹薰铉、李昌镐精讲围棋系列

第一辑

精讲围棋官子．官子计算
精讲围棋官子．官子手筋
精讲围棋官子．官子次序

第二辑

精讲围棋棋形．定式常型
精讲围棋棋形．棋形急所
精讲围棋棋形．手筋常型

第三辑

精讲围棋布局．布局基础
精讲围棋布局．布局技巧
精讲围棋布局．布局实战1
精讲围棋布局．布局实战2
精讲围棋布局．布局实战3

第四辑

精讲围棋定式．星定式
精讲围棋定式．小目定式
精讲围棋定式．目外高目三三定式
精讲围棋定式．定式选择
精讲围棋定式．定式活用

第五辑

精讲围棋对局技巧．基本技巧
精讲围棋对局技巧．接触战
精讲围棋对局技巧．实战对攻

第六辑

精讲围棋中盘技巧．打入与侵消
精讲围棋中盘技巧．攻击
精讲围棋中盘技巧．试应手

第七辑

精讲围棋手筋．1
精讲围棋手筋．2
精讲围棋手筋．3
精讲围棋手筋．4
精讲围棋手筋．5
精讲围棋手筋．6

第八辑

精讲围棋死活．1
精讲围棋死活．2
精讲围棋死活．3
精讲围棋死活．4
精讲围棋死活．5
精讲围棋死活．6